Beos

Marion Wagner

Beos

Haltung · Pflege · Zucht

Im FALKEN Verlag sind zahlreiche Titel zum Thema „Vögel" erschienen.
Fragen Sie Ihren Buchhändler.

Die Deutsche Bibliothek – CIP-Einheitsaufnahme

Wagner, Marion:
Beos : Haltung, Pflege, Zucht / Marion Wagner. –
Niedernhausen/Ts. : FALKEN, 1994
(FALKEN Bücherei)
ISBN 3-8068-1475-9

ISBN 3 8068 1475 9

Umschlaggestaltung: Jürgen Szillat
Redaktion: Dr. Gabriele Schweickhardt
Herstellung: Michaela Krekel
Titelbild: Marion Wagner, Aßling
Fotos: Rolf Bender, Tholey-Theley: S.30; Bildagentur IPO, Linsengericht/Altenhaßlau:
S. 23, 26, 27, 29, 31, 33, 38, 40, 41, 42, 43, 46, 47, 51 u. 52; Franz Pfeffer, Plattling:
S. 9, 12 u. 57; Reinhard-Tierfoto, Heiligkreuzsteinach-Eiterbach: S. 1, 2, 3 (oben rechts,
unten links), 6, 9, 10, 11 (unten), 17, 21, 28, 34, 35, 37, 39 u. 65; Silvestris Fotoservice,
Kastl/Obb.: S. 3 (K. Wothe) u. S. 11 (oben; H.-D. Brandl); Marion Wagner, Aßling:
S. 20, 22, 49, 58, 59, 60, 61, 63 u. 64; Konrad Wothe, München: S. 3, 7, 8, 14, 18,
19, 33 u. 45
Zeichnungen: Gabriele Hampel, Kelkheim: S. 19, 32 u. 36; FALKEN Archiv/Ute Kuhn,
München: S. 25
Vignette: Gabriele Hampel, Kelkheim
Die Ratschläge in diesem Buch sind von der Autorin und vom Verlag sorgfältig erwogen und
geprüft, dennoch kann eine Garantie nicht übernommen werden. Eine Haftung der Autorin
bzw. des Verlags und seiner Beauftragten für Personen-, Sach- und Vermögensschäden ist
ausgeschlossen.
Gesamtkonzeption: Falken-Verlag GmbH, D-65527 Niedernhausen/Ts.

817 2635 4453 6271

Inhaltsverzeichnis

Kleine Beokunde

Natürlicher Lebensraum und Verbreitung

Beos sind Vögel des subtropischen Regenwaldes. Ihr Verbreitungsgebiet erstreckt sich von Indien und Nepal über Sikkim und Bhutan bis in die östlichen Regionen Chinas. Im Süden reicht es über Birma und Thailand bis nach Sumatra und Borneo. Außerdem wurden sie auf Hawaii und auf der Weihnachtsinsel eingebürgert. Sie leben in Bergwäl-

---

Beos halten sich besonders in den frühen Morgen- und Abendstunden gern in dichten Baumkronen auf

dern, Teekulturen und Obstplantagen. Beos halten sich bevorzugt im dichten Blattwerk der Baumwipfel auf, wo sie insbesondere in den frühen Morgen- und Abendstunden laut lärmend zu beobachten sind.

Der Name Beo stammt aus dem Indonesischen und bedeutet soviel wie „plappern". In Borneo brachte diesem Vogel sein typischer durchdringender und daher weithin hörbarer Pfiff den Namen Tiong ein.

Außerhalb der Brutperiode ziehen die in Monogamie lebenden Vögel in kleine-

ren oder größeren Familienverbänden nahrungssuchend umher. Oft kann man sie zusammen mit Bartvögeln oder Grüntauben in früchtetragenden Feigenbäumen sehen. Neben diversen Früchten und Beeren gehören auch Insekten und kleinere Reptilien zu ihrer Hauptnahrung. Durch das Verschlucken kleinerer Früchte im ganzen, deren Sa-

men unverdaut ausgeschieden werden, tragen sie ganz wesentlich zur Verbreitung verschiedener Baum- und Straucharten bei.
Bei Einbruch der Dämmerung suchen die Beos ihre Schlafplätze auf. Diese befinden sich sowohl im dichten Laubwerk hoher Bäume als auch in verlassenen Baumhöhlen.

Zoologische Familie und nahe Verwandte

Beos und ihre Verwandten gehören zur Familie der Stare (Sturnidae), die mit 42 Gattungen und 105 Arten über weite Teile der gemäßigten und der tropischen Zonen der Alten Welt verbreitet sind. Zu den typischen Vertretern und neben dem Beo häufig eingeführten Starenvögeln zählen:

Kronenatzel
(Ampeliceps coronatus)

Dieser nahe Beoverwandte, der auch den Namen Goldkopfbeo (-Maina) trägt, ist 22 cm lang, in Bangladesh, Nordostindien, Birma, Thailand und Indochina beheimatet und wird in letzter Zeit vermehrt eingeführt. Beide Geschlechter sind gleich gefärbt. Jungvögel haben einen schwarzen Kopf mit einigen gelben Federn an der Kehle.
Die Ernährung gleicht denen der Beos, weist aber einen höheren Insektenanteil auf.

Ufermaina
(Acridotheres ginginianus)

Er kommt in Pakistan, Nord- und Mittelindien bis Westassam, ferner in Nepal vor. Männchen und Weibchen dieser ca. 21 cm langen Starenart sind ebenfalls

Kronenatzel

Pagodenstar
(Temenuchus pagodarum)

Er ist in Ostafghanistan, Indien, Ceylon und Nepal beheimatet. Seine Größe beträgt 20 cm. Auch bei ihm zeigen beide Geschlechter die gleiche Färbung, jedoch ist das Weibchen meist etwas kleiner und hat eine kürzere Haube. Allerdings kann auch dieses Kennzeichen nicht als sicheres Geschlechtsmerkmal gelten. Der Pagodenstar brütet in Baumhöhlen und Gebäudenischen.

Er wird rasch zahm und hat einen angenehmen Gesang. Dazu kommt noch sein Spöttertalent, das heißt, er vermag andere Vögel, sonstige Tiere und diverse Geräusche nachzuahmen.

Die Nachzucht ist bereits mehrfach gelungen. Als Futter bevorzugen diese Vögel Insekten, Früchte, Beeren und Blütenknopsen.

'fermaina

eich gefärbt. Der Name Ufermaina
itet sich von der Lebensweise dieses
ogels ab, der sich bevorzugt an san-
gen Flußufern aufhält. Dort gräbt
in die Steilufer tiefe Löcher als Brut-
öhle. Er nistet jedoch auch in Mauer-
chern.

ie Nachzucht in Gefangenschaft ist
reinzelt bereits gelungen. Der Gesang
es Ufermaina ist vielfältig und flötenar-
g, aber auch kreischend. Ernährt wird
eser Star sowohl mit Insekten und
üchten als auch mit Körnerfutter.

Pagodenstar

Dreifarbenglanzstar

Balistar

Dreifarbenglanzstar
(Lamprospreo superbus)

Sein Verbreitungsgebiet reicht vom Süd-
ostsudan über Südaethiopien und So-
malia bis Uganda und durch Kenia bis
Südwesttansania. Auch bei ihm besitzen
Männchen und Weibchen die gleiche
Gefiederfärbung.
Dieser 21 cm große Star brütet in
Baumhöhlen und Felsnischen, baut aber
auch kugelförmige freistehende Nester
in Büschen. Außerdem übernimmt er
oft alte Bruthöhlen anderer Vogelarten.
Er wird bereits häufig nachgezüchtet.
Als Futter reicht man Ameisenpuppen,
Raupen, Würmer, Weichfutter, rohes
gehacktes Fleisch, Engerlinge, Obst und
Grünfutter.

Balistar
(Leucopsar rothschildi)

Seine Verbreitung beschränkt sich nu
auf die Insel Bali. Aufgrund von Urwald
rodungen und dem damit einhergeher
den Verlust seines Lebensraumes ist die
ser Vogel extrem gefährdet. In den let
ten Jahren wurden nur noch einige we
nige freilebende Exemplare gesichte
Da er sich jedoch in Gefangenschaft r
lativ leicht züchten läßt, bleibt zu hoffer
daß sein Überleben zumindest hier ges
chert ist.
Der Balistar untersteht den besondere
Schutzmaßnahmen des Washington
Artenschutzabkommens (WAA). Da
bedeutet, daß seine Haltung meld
pflichtig ist.

Graukopfstar
(Temenuchus malabaricus malabaricus)

Seine Heimat sind das nördliche Indien
sowie Bangladesh. Mit 18 bis 19 cm hat
er etwa die Größe des Pagodenstars.
Auch bei ihm sind beide Geschlechter
gleichgefärbt. Dieser friedfertige und
verträgliche Star wird sehr zahm und
besitzt ebenfalls Spöttertalent.
Der Graukopfstar brütet in Höhlen und
wurde bereits verschiedentlich nachgezüchtet. Die Nahrung besteht aus Insekten und Früchten, er frißt aber auch Hir-
se und Mohn.

Graukopfstar

Kleiner Beo – Mittelbeo – Großer Beo

Beos oder Atzeln (Gracula religiosa) haben ein schwarzes, metallisch grünlich
violett glänzendes Gefieder und gelbe
bis orangefarbene Schnäbel und Füße.
Die Geschlechter gleichen sich im Aussehen.
Größe und Ausdehnung der charakteristischen gelben Hautzeichnung sowie
den typischen gelben Hautlappen am
Kopf weisen oft nur geringfügige Unter-
schiede auf, so daß durch sie die Bestim-
mung der insgesamt sieben Unterarten
nicht immer eindeutig erfolgen kann.
Da die einzelnen Arten jedoch meist
geographisch voneinander getrennt leben, lassen sie sich aufgrund ihrer Herkunft identifizieren.
Die drei wichtigsten Unterarten sollen
der kurz vorgestellt werden:

*An diesem Beo sieht man sehr schön
das metallisch glänzende Gefieder*

Kleiner Beo
(Gracula religiosa indica)

Er hat eine Größe von 24 bis 26 cm und lebt im südwestlichen Vorderindien sowie in Ceylon. Als besonderes Merkmal sind bei ihm die unbefiederten gelben Hautstellen unter dem Auge nicht mit den entsprechenden Stellen am Hinterkopf verbunden. Das Gefieder glänzt nicht so intensiv, und die Gelbfärbung der nackten Hautpartien ist nicht so leuchtend wie bei den größeren Verwandten.

Kleiner Beo

Mittelbeo
(Gracula religiosa intermedia)

Diese am häufigsten eingeführte Unterart erreicht eine Länge von knapp 30 cm und ein Gewicht von durchschnittlich 200 g. Sie findet sich in den Hügellandschaften des nördliche Vorderindien, Hinterindiens, Südtha lands, Indochinas, Südchinas und Ha nans.

Als spezielles Kennzeichen weist de Mittelbeo die Verbindung zwischen de gelben Hautstellen am Kopf auf.

Mittelbeo

Großer Beo

Großer Beo
(Gracula religiosa religiosa)

Mit einer Körperlänge von 30 bis 35 cm ist dieser Beo – auch Javabeo genannt – schon ein recht stattlicher Vogel. Sein Vorkommen erstreckt sich über Malakka, Bali, die großen Sundainseln und auch noch über andere kleinere Inseln dieses Archipels.

Bei ihm fallen die tief im Nacken ansetzenden Hautlappen auf, die nicht durch ein Band verbunden sind, ein starker, fast klobig wirkender Schnabel und ein besonders ausgeprägter metallischer Glanz des tiefschwarzen Federkleides.

Wichtige Verhaltensweisen und Körperbau

Komfortverhalten

Ein ganz wesentlicher Bestandteil der vogelspezifischen Verhaltensweisen ist die tägliche Gefiederpflege. Ihr widmen die meisten Vogelarten – so auch unser Beo – sehr viel Zeit, denn die Erhaltung des Federkleides in funktionstüchtigem Zustand ist lebensnotwendig.

In der Regel werden bei der Gefiederpflege die Federn einzeln von der Basis bis zur Spitze hin durch den kaum geöffneten Schnabel gezogen. Durch Picken und Knabbern reinigt der Vogel ihre Oberfläche von Fremdkörpern und Schmutzpartikeln bzw. entfernt die Hornschuppen der Federkiele. Die Absonderung der Bürzeldrüse verteilt er mit dem Schnabel im Gefieder. Damit auch das Kopfgefieder wasserabweisend wird, reibt der Beo seinen Kopf im bereits eingefetteten Rückengefieder. Beos baden auch gern und häufig. Im Wasser tauchen sie nach Art der Enten unter, so daß es über Kopf und Rücken läuft. Anschließend schütteln sie sich kräftig. In Freivolieren kann man Beos auch beim Sand- oder Schlammbad beobachten. Dies dient ebenfalls der Gefiederpflege und darüber hinaus der natürlichen Parasitenbekämpfung.

Die Gefiederpflege besitzt zudem noch einen sozialen Aspekt. So kraulen sich zwei Partner gegenseitig, und zwar meist an Kopf und Hals, also dort, wo der Gekraulte selbst mit dem Schnabel nicht hinlangen kann. Durch dieses Verhalten wird auch der Zusammenhalt des Paares gefestigt.

Zur Körperpflege gehört auch die Schnabel- und Fußpflege. Nach jeder Futteraufnahme säubern die Beos ihren Schnabel dadurch, daß sie ihn an einem Sitzast wetzen. Von Füßen und Zehen werden Hornschüppchen und Schmutzpartikel sorgfältig abgepickt. An Stellen, die sie anders zur Säuberung nicht erreichen können (z. B. am Kopf), kratzen sich die Vögel. Dieses Kratzen und vor allem die Art seiner Ausführung ist angeboren. Wie alle Singvögel und ihre Verwandten führt der Beo den Fuß

dazu hintenherum, das heißt über den etwas gesenkten Flügel hinweg. Meist kratzt er sich während des Federputzens oder nach dem Baden oder um am Schnabel anhaftende Futterreste zu entfernen.

Wenn der Beo nach Futter sucht, stochert er mit dem Schnabel gern in Spalten und Ritzen (so auch zwischen unseren Fingern) herum. Dieses sogenannte Zirkeln, das der Beo allerdings nur in abgeschwächter Form zeigt, ist eine für die Starenvögel typische Verhaltensweise beim Nahrungserwerb.

Man kann beim Beo immer wieder beobachten, daß er sich schüttelt, und zwar häufig während des Federputzens und danach, nach dem Baden sowie nach erfolgten Paarungen. Federn, die aus ihrer normalen Lage geraten sind,

Diesem Beo sieht man richtig an, welchen Spaß ihm das Baden macht

Deutlich erkennt man hier, wie der Beo jede einzelne Feder von der Basis bis zur Spitze hin durch seinen kaum geöffneten Schnabel zieht

werden durch dieses Komfortverhalten wieder geordnet und zugleich Schmutzteilchen entfernt. Aber auch bei nachlassenden inneren Anspannungen (etwa in Angstsituationen) kann man dieses Sichschütteln feststellen – es ist dann als eine Art Streßabbau anzusehen.

Beos gönnen sich – auch tagsüber – viele Ruhezeiten. Dazu sitzen sie bequem auf dem Bauch, wobei sich ähnlich einer ruhenden Ente die Beine unter den Körper gezogen haben: Der Kopf wird in das Rückengefieder zurückgezogen, die Augen sind meist geschlossen.

Nach ausgiebigen Ruhepausen läßt sich dann bei dem Vogel eine Art von Sichräkeln beobachten, das – wie beim Menschen – den Kreislauf wieder in

Nasenloch　Auge

Oberschnabel　Stirn　Scheitel/Oberkopf

gelbe Kopfzeichnung

Ohrgegend

Unter-
schnabel　gelbe Hautlappen

Kinn　Nacken

Kehle/Kropf　kleine Flügeldecken

Flügelbug　Rücken

mittlere Flügeldecken　große Flügeldecken

Brust　Bürzel

Flanke　Oberschwanz-
decken

Bauch

weiße Flügelbinde

Kloake

Lauf　Schwanzfedern

Kralle

Zehe　Handschwingen

Handdecken

Schwung bringt. Dabei streckt er ein Bein und den dazugehörigen Flügel schräg nach unten weg. Außerdem lüftet er seine Flügel, indem er beide gleichzeitig emporstreckt, er drückt die Beine durch, macht eine Art Katzen-buckel und reckt den Hals bzw. den Kopf weit nach vorn.

Wenn Beos gähnen, deutet das – ebenfalls wie beim Menschen – häufig auf Sauerstoffmangel oder auch auf aufkommende Müdigkeit hin. Gähnt der

Vogel auffallend oft, so sollte man unbedingt den Raum besser belüften.

Gelegentlich niest der Beo auch. Sofern das nicht mit Nasenausfluß oder gestörter Atemtätigkeit verbunden ist, liegt aber keine Erkältung vor, sondern der Vogel hält auf diese Weise seine Atemwege frei oder entfernt beim Baden eingedrungenes Wasser.

In Freivolieren kann man Beos auch beim Sonnenbad beobachten. Dabei spreizen sie ihr Gefieder, um das Sonnenlicht bis zur Haut dringen zu lassen. Das UV-Licht ist wichtig für die Vitamin-D-Synthese.

Da die Beos wie alle Vögel keine Schweißdrüsen besitzen, haben sie andere Mechanismen, um sich bei großer Hitze Abkühlung zu verschaffen. Sie öffnen den Schnabel und hecheln; dabei entsteht über die Schleimhäute ein Wärmeaustausch. Gleichzeitig stellen sie den Flügelbug vom Körper ab.

Aggressions- und Imponierverhalten

Diese Verhaltensweisen kann man – wenn man mehrere Beos zusammen hält – häufig bei der täglichen Fütterung erleben. Natürlich will jeder Vogel der erste am Futternapf sein. So droht er den anderen durch Hochaufrichten des Körpers und seitliches Abstellen der Flügel, gleichzeitig zielt der leichtgeöffnete Schnabel warnend in Richtung des Gegners, dem der Vogel auf diese Weise möglichst groß und gefährlich erschei-

nen will. Begleitet wird das Ganze von sehr lauten und langgezogenen Kontaktlaut des Beos, der sich wie „äh – äh" anhört. Das unterlegene Tier nimm dann eine Beschwichtigungshaltung ein, indem es sich klein macht und der Kopf abwendet. Dabei kann der Beob achter ängstliche „uh – uh"-Rufe ver nehmen.

Durch dieses Verhaltensmuster lasser sich auch größere Auseinandersetzun gen, die eventuell blutig enden könnten schnell beilegen, denn der Besiegte wird vom Stärkeren nicht mehr weiter ver folgt. Nur in zu kleinen Volieren oder be Überbesatz können fehlende Ausweich möglichkeiten die Ursache für Streitig keiten sein, bei denen es zu ernsthafter Verletzungen kommt.

Bei einer anderen Art des Imponieren sitzen die Beos breitbeinig auf der Stan ge, blasen ihren Kehlsack auf und geber unter leichtem Nach-vorne-Kippen ih res Körpers fauchende und zischend Töne von sich. Oft lassen sie dabei auch die Flügel seitlich hängen. Ich konnt dieses Verhalten besonders bei der Ver teidigung des Nistbereiches gegenübe Eindringlingen feststellen.

Verhalten bei Angst und Erschrecken

In Schreck- und Angstsituationen richte sich der Beo hoch auf, legt das Gefiede eng an den Körper, so daß er seh schlank erscheint, und stößt dabei auf geregt schrille und laute Warnrufe aus.

Ratschläge für den Beokauf

Ein Wort zu Handel und Artenschutz

Etwa 15 Millionen Vögel werden, so die deutsche Aktionsgemeinschaft „Pro Fauna", im Jahr gefangen, um an Exotenliebhaber in aller Welt verkauft zu werden. Darunter befinden sich auch viele Beos, Altvögel ebenso wie nestjunge Tiere. Da Nachzuchten in Gefangenschaft nach wie vor selten sind und noch dazu meist zu einem relativ hohen Preis verkauft werden (allein die Aufzuchtkosten betragen ca. 200,-- DM pro Vogel, da das zur Zucht benötigte Lebendfutter sehr teuer ist und die Vögel Unmengen davon brauchen), werden die meisten Beos als Nestlinge aus ihren Baumhöh-

Der nach wie vor blühende Handel mit Wildfängen gefährdet allmählich auch den Beo in seinem Bestand

len geraubt und per Hand von einheimischen Bauern aufgepäppelt. Diese Nahrungsumstellung auf eine fast immer einseitige oder gar völlig ungeeignete Kost stellt für die Beokinder allein schon eine enorme Belastung des Gesundheitszustandes dar.

Ältere Vögel werden gefangen, indem man an einer Tränke oder einem Futterplatz ein Klappnetz aufstellt. Haben sich genügend Opfer eingefunden, läßt man es zuschnappen. Bereits dabei wird nicht selten die Hälfte der Vögel getötet, die einen erschlägt der fallende Bügel, die anderen gehen an den Verletzungen zugrunde, die ihnen die Maschen des Netzes zufügen. Manchmal werden auch die Äste eines Schlafbaumes mit einer klebrigen Masse bestrichen, so daß die Vögel, die sich darauf niederlassen, nicht mehr fortfliegen können. Dann klettert ein Mann aus dem Fangtrupp auf den Baum und pflückt die Vögel ab wie reifes Obst.

Von den Fängern geht es nach einigen Tagen in nicht weniger strapaziöser Fahrt zum nächsten Großhändler in einer der größeren Städte. Und von hier aus treten die Beos ihre weite Reise nach Europa und in andere Teile der Welt an. Der Transport erfolgt per Schiff oder Flugzeug und ist meist mit großen Leiden verbunden. Die unzureichende Versorgung unterwegs mit Futter und Wasser, die Enge in stickigen, oft viel zuwenig belüfteten Transportbehältnissen, der plötzliche Klimawechsel, Angst und

Streß fordern viele Todesopfer. Die Sterblichkeitsrate erreicht oft das erschreckende Ausmaß von 50 bis 90 Prozent pro Sendung. Dies ist ein unhaltbarer Zustand, ermöglicht durch das Schweigen von Fängern, Händlern und Kaufleuten, die sich das gute Geschäft nicht verderben lassen wollen. (Immerhin kostet ein Beowildfang in seiner Heimat beim Einkauf nur ca. 1,80 DM, wird aber hier um 300,– bis 500,– DM verkauft.)

Damit möglichst viele Beos diesen qualvollen Transport überleben, werden sie meist schon im Ursprungsland mit Medikamenten vollgepumpt. Durch diese Behandlung wird wiederum unter anderem die Darmflora der Vögel vernichtet, und sie erkranken nicht selten an schweren Darmentzündungen oder Mykosen. Der Raubbau an vielen tropischen Vogelarten hat auch gravierende ökologische Konsequenzen für den Wald. Vögel, so auch unsere Beos, tragen in großem Maße zu seiner Erhaltung bei, indem sie den Samen der Bäume und Sträucher verstreuen; so können diese nachwachsen, und es wird wenigstens ein Teil der katastrophalen Folgen, die die Urwaldrodungen nach sich ziehen, ausgeglichen.

Aus all den genannten Gründen sollte man es sich sehr genau überlegen, ob man es mit seinem Gewissen vereinbaren kann, einen der Natur entnommenen Beo bei einem Händler zu erwerben. Wesentlich besser ist es, auf Nachzuchttiere oder auf Vögel, die aus privater Haltung abgegeben werden, zurückzugreifen.

Ein geschlossener Ring am Fuß des Beos gibt die Garantie dafür, daß der Vogel hier gezüchtet worden ist

Zum Schluß noch ein Hinweis: Da viele Vogelliebhaber inzwischen kritischer geworden sind und auf den Kauf von Wildfängen verzichten wollen, finden sich plötzlich vermehrt Angebote angeblich gezüchteter Beos. Die meisten Vogelzüchter beringen jedoch ihren Nachwuchs (Vorsicht: Der Ring muß geschlossen sein, da offene nachträglich übergezogen werden können!) zum Beweis, daß er hier geschlüpft ist. In solchen Ringen ist normalerweise auch das Geburtsjahr des Tieres eingraviert. Bei einem unberingten Beo (bei ihm gibt es – im Gegensatz zu Papagei und Sittich – keine Ringpflicht) sollten Sie jedoch versuchen, nähere Angaben über seine genaue Herkunft zu erhalten.

Was Sie vor dem Kauf bedenken sollten

Wenn Sie mit dem Gedanken spielen, sich einen Beo anzuschaffen, so sollten Sie vorher reiflich überlegen, ob ein solcher Vogel auch zu Ihrer Lebensgestaltung paßt.

Einen wesentlichen Aspekt stellt schon einmal die Wohnsituation dar. Aufgrund seiner Größe und Lautstärke eignet sich der Beo nicht besonders gut als Heimvogel in einem kleinen Ein-Zimmer-Appartement, da man mit ihm ständig auf engstem Raum zusammenleben muß und er selbst auch nicht viel Bewegungsfreiheit erhält.

Zu bedenken ist auch, daß ein solcher Vogel bis zu 15 Jahre alt werden kann und – falls er allein gehalten wird – diese ganze Zeitspanne über die intensive Zuwendung seines Menschen braucht.

Außerdem gehören Beos zu den sogenannten Weichfressern, das heißt, sie ernähren sich nicht von Körnerfutter wie der beliebte Kanarienvogel oder Wellensittich, sondern überwiegend von Früchten und Insekten. Dementsprechend flüssig und häufig sind ihre Ausscheidungen. Da die Vögel natürlich auch nicht stubenrein werden, fällt beim Freiflug in der Wohnung eine beträchtliche Menge an Schmutz an. Man muß also vor allem mehr Zeit für die täglichen Reinigungsarbeiten einplanen als bei anderen Vögeln. Und auch die Futterzubereitung dauert länger, da größeres Obst kleingeschnitten werden muß.

Weiter gilt es zu bedenken, daß auf einen Beohalter bei artgerechter Unterbringung und richtiger Ernährung seine Pfleglings keine geringen Kosten zu kommen. Die im Handel erhältlichen Beokäfige und das spezielle Weichfutter bzw. die Beoperlen sind oft wesentlich teurer als Behausungen und Futter für körnerfressende Vogelarten.

Am besten auch schon vor dem Kauf sollte die Unterbringung bei Krankheit oder Urlaub geklärt werden (siehe dazu das Kapitel „Die Versorgung im Urlaub", Seite 37 f.). Wollen Sie Ihren Beo einmal als guten Sprachimitator und als sehr zahmes Haustier haben, so sollte er beim Kauf möglichst nicht viel älter als ¼ Jahr sein, denn er ist primär während der Prägungsphase zwischen der 8. und der 15. Woche lernfähig. Danach wird es schwieriger, dem Vogel einen großen Sprachschatz beizubringen. Nach neueren Untersuchungen lernen Stare aber auch nach der Prägungs-

Jungvögel haben noch keine Kopflappen

phase noch dazu. Das Geschlecht spielt dabei keine Rolle, denn beim Beo sind Männchen wie Weibchen gleicherma-ßen begabt.

Das ungefähre Alter des Vogels erkennt man an dem schwarzgrauen Gefieder, das auch noch nicht glänzt, an den noch fehlenden Kopflappen (Ausnahme: Handaufgezogene Beos haben auch als ältere Vögel nur sehr kleine Lappen, oder sie fehlen gänzlich; die Ursache hierfür ist noch nicht geklärt) und an den bei ganz jungen Beos noch vorhande-nen gelben Schnabelwülsten. Der ge-samte Körperbau ist noch kleiner und zierlicher als bei erwachsenen Vögeln. Schnabel, Füße und die nackten Haut-stellen am Kopf zeigen bei Jungvögeln noch eine mattgelbe Färbung (Achtung: Bei kranken oder ohne Sonnenlicht gehaltenen Beos verblassen auch die Farben!).

Altvögel, gekennzeichnet durch die gut ausgebildeten Kopflappen, das metal-lisch grünviolett schimmernde Gefieder und die kräftige orangegelbe Färbung unbefiederter Körperstellen, lernen sel-ten gut sprechen; sie geben vor allem in den Morgen- und Abendstunden ihre schrillen und durchdringenden Natur-laute von sich. Dies ist besonders bei der Haltung in Mietwohnungen zu beden-ken. Planen Sie allerdings eigenen Beo-nachwuchs, eignen sich gerade diese Vögel besonders gut für Zuchtversuche. Sie wurden bereits als erwachsene Tiere

Gut ausgebildete Kopflappen sind ei-nes der Merkmale, an denen man einen erwachsenen Beo erkennt

gefangen und sind daher nicht wie die handaufgezogenen Beos auf den Men-schen geprägt. Auch machen sie weni-ger Arbeit als noch unselbständige Nest-linge, die ja alle paar Stunden von Hand gefüttert werden müssen.

Solche erwachsenen Vögel sollten Sie allerdings möglichst aus privater Hand kaufen, damit Sie nicht den Handel mit gefangenen Tieren noch weiter unter-stützen.

Einzelvogel, Pärchen
oder Gemeinschaftshaltung?

Beos sind wie alle anderen Starenvögel außerordentlich gesellig. Deshalb kann die Haltung eines einzelnen Vogels, der viele Stunden am Tag allein gelassen wird, nicht als artgerecht gelten. Er braucht ständig die Gesellschaft seines Menschen, wenn dieser auch niemals ein vollwertiger Ersatz für einen Vogelpartner zu sein vermag. Verzichten Sie daher – zum Wohle des Tieres – erst recht auf die Einzelhaltung, wenn Sie berufstätig, viel auf Reisen oder aus irgendwelchen anderen Gründen ständig außer Haus sind.

Wenn man als Vogelhalter nicht wirklich ausreichend Zeit hat, sollte man sich unbedingt ein Beopaar und keinen Einzelvogel anschaffen

Bei einzeln gehaltenen Beos können auch verschiedene Verhaltensstörungen auftreten, so etwa, wenn sie einen Fortpflanzungstrieb nicht oder nur unvollständig ausleben können; dann passiert es unter Umständen, daß sie nicht nur zur Paarungszeit gegenüber ihrem Pfleger oder anderen Personen sehr aggressiv werden und deren Hände und Gesicht (Augen!) attackieren. Ich selbst habe einen solchen Vogel erlebt: sämtliche Personen, die sich im selben Raum mit dem freifliegenden Beo aufhielten, mußten eine Sonnenbrille als Augenschutz tragen. Sogar andere Haustiere wurden von ihm angegriffen. Und dies ist beileibe kein Einzelfall! Isoliert man Beos zu lange von ihren Artgenossen, kann es bei späteren Vergesellschaftungsversuchen zu ernsthaften Auseinandersetzungen zwischen den Tieren kommen. Daher sollten Sie, wenn Sie sich für die Anschaffung eines Beopaares entschieden haben, am besten zwei Vögel nehmen, die sich bereits durch ein bestimmtes Verhalten wie engen Körperkontakt und gegenseitige Gefiederpflege, als Paar zu erkennen geben. Beos sind eben doch nicht immer so verträglich wie es in anderen Büchern zu lesen steht. Nach meiner Erfahrung brechen außerdem unter gleichgeschlechtlichen Vögeln leichter Streitigkeiten aus.
Beim ersten Zusammentreffen zweier einander völlig unbekannter Beos sollte

man immer einige Regeln befolgen. Damit keiner der beiden Heimvorteil hat, läßt man diese erste Begegnung am besten auf neutralem Boden (z. B. in einer für beide Tiere fremden Voliere) stattfinden. Die Vögel müssen sich dann erst in der neuen Umgebung orientieren und haben keine Zeit für Auseinandersetzungen. Trotzdem empfiehlt es sich, ihr Verhalten eine Weile genauestens zu beobachten, um bei ernsteren Kämpfen sofort eingreifen zu können.

Eine Gesellschaftshaltung mehrerer Beopaare sollte man nur dann erwägen, wenn man eine ausreichend große Innen-außen-Voliere mit vielen Flucht- und Ausweichmöglichkeiten zur Verfügung hat. Speziell brutbereite Beopaare sind ungeheuer streitlustig und verteidigen oft vehement ihr Revier.

Beos und andere Heimtiere

Beos und andere Stubenvögel

Da Beos für ihre Größe äußerst wehrhafte und kräftige Vögel sind und zu ihrem natürlichen Nahrungsspektrum auch kleinere Wirbeltiere gehören, sollte man sie nicht mit wesentlich kleineren oder körperlich unterlegenen Vögeln vergesellschaften. Diese können unter Umständen getötet und sogar gefressen werden.

Als verträglich erweisen sich Beos in der Haltung mit anderen größeren Vogelarten wie Bülbüls, Turakos oder verschiedenen exotischen Staren. Setzt man sie für die Sommermonate in größere Freivolieren, lassen sie sich hier auch mit Fasanen und ähnlichem Geflügel in Gemeinschaft halten. Leben sie dagegen mit größeren Papageienarten zusammen, ist Vorsicht geboten. Großpapageien können mit ihrem kräftigen Schnabel dem Beo ernsthafte Verletzungen zufügen.

Mit anderen Großpapageien – etwa mit einem Glanzstar, wie hier zu sehen – lassen sich Beos problemlos vergesellschaften

Beos und Katzen

Katzen sind von Natur aus Raubtiere, deren Jagdbeute aus kleineren Wirbeltieren (Nagern, Eidechsen, Vögeln) besteht. Auch bei unseren domestizierten Hauskatzen hat sich der Jagdinstinkt unverändert erhalten und läßt sich auch nicht wegerziehen. Daher sollte man, selbst wenn Katze und Beo zusammen aufgewachsen sind, immer besonders vorsichtig sein.

Lassen Sie die beiden Tiere niemals unbeaufsichtigt im selben Raum. Besser noch, Sie verzichten auf die gemeinsame Haltung von Vogel und Katze. So setzen Sie den Vogel nicht unnötig einer Gefahr aus.

Beos und Hunde

Für das Zusammenleben von Beos und Hunden gelten ähnliche Vorsichtsmaßnahmen wie für das mit Katzen. Am leichtesten lassen sich junge Hunde an andere Haustiere gewöhnen. Um zu verhindern, daß Eifersucht entsteht, müssen beide Tiere die gleiche Zuwendung erhalten. Der Hund wird dann den Beo als Rudelmitglied akzeptieren lernen.

Allerdings sollte man nicht vergessen, daß die lauten und schrillen Pfiffe des Vogels für Hundeohren (aber auch für andere empfindliche Tierohren wie etwa die von Kaninchen) keineswegs eine Wohltat sind.

Woher bekommt man einen Beo?

Da es leider viel zuwenig Nachzuchten gibt, führt häufig der erste Gang ins Zoogeschäft, wenn man einen Beo erwerben will. Doch auch in vielen Tageszeitungen finden sich unter der Rubrik Tiermarkt Angebote. Meist werden diese Vögel wegen Haltungsschwierigkeiten oder weil sie den Erwartungen ihrer Besitzer nicht entsprechen wieder abgegeben.

Aus der Sicht des Tierschutzes ist es sicher besser, einen Beo aus zweiter Hand zu nehmen, als durch den Kauf in Zoogeschäften oder bei Importeuren den Handel mit dieser Wildvogelart weiter anzukurbeln.

Allerdings muß man dabei unter Umständen Nachteile in Kauf nehmen. So sind solche Vögel nicht mehr ganz jung und werden vielleicht auch nie Sprachgenies werden. Außerdem haben sie eventuell bereits schlechte Erfahrungen mit Menschen gemacht, aber wenn man sie mit viel Einfühlungsvermögen behandelt, können sie sich trotzdem zu liebenswerten Hausgenossen entwickeln. Völlig abzulehnen ist der Kauf eines Beos über den Versandhandel!

Was ist beim Kauf zu beachten?

leichgültig von wem Sie nun den Vogel rwerben, achten Sie auf seinen Ge-indheitszustand. Zur Gesamtbeurtei-ing gehören auch die Haltungsbedin-ingen beim Verkäufer: eine saubere nd zugfreie Unterbringung und eine isreichende Ernährung. Den Ernäh-ingszustand prüft man durch Abtasten es Brustbeinkammes, der sich in der litte der Brust befindet. Dazu bittet ian den Händler oder den bisherigen esitzer, den Vogel zu fangen, denn mit nem selbst ist das Tier ja noch nicht ertraut. Der Brustbeinkamm sollte sich icht ertasten lassen, darf aber auf kei-en Fall scharfkantig hervortreten. in in der Ecke hockender „Federball" t höchst verdächtig. Der Beo soll mun-r und aufmerksam wirken und klare,

glänzende und keinesfalls verklebte Augen haben. Auch während der Mauser darf das Gefieder keine größeren kahlen Stellen aufweisen. Häufiges Niesen mit gleichzeitiger Schnabelatmung (Atmung bei geöffnetem Schnabel) oder Stimmverlust zeigt Erkrankungen der Atemwege an.

Das Gefieder im Bereich der Afterregion verdient besondere Aufmerksamkeit. Bei Durchfallerkrankungen sind die Federn um die Kloake herum verschmiert, und Verklebungen mit einer weißlichen Masse können auf eine Nierenerkrankung hindeuten.

Zuletzt werden Beine, Schnabel, Füße und Zehen auf Verletzungen, Verdickungen oder Stellungsanomalien hin untersucht.

Ernährungszustand eines Vogels

normaler Zustand   zu mager   zu fett

Brustbein

Muskeln

Fett

Der Heimtransport

Am schonendsten erfolgt der Transport in das neue Zuhause in einem dunklen Behälter, z. B. in einer Pappschachtel mit genügend Luftlöchern. Der Fachhandel bietet aber auch Transportboxen aus Kunststoff an, die den Vorteil besitzen, sehr stabil zu sein und sich gut reinigen zu lassen. Sie eignen sich außerdem für den Transport des kranken Beos zum Tierarzt.

Dauert die Heimfahrt nicht länger als 1 Stunde, braucht der Vogel normalerweise weder Futter noch Wasser.

Fahren Sie mit dem Auto, so muß jedes Transportbehältnis im Hinblick auf eventuelle Bremsmanöver gesichert werden. Keinesfalls sollten Sie Ihren neuen Hausgenossen im Kofferraum nach Hause bringen, da hier die Luft knapp werden kann und der Beo außerdem nicht vor Abgasen geschützt ist.

Denken Sie auch daran, daß die Heimfahrt möglichst schnell vonstatten gehen sollte – Einkäufe erledigen Sie also besser vorher und nicht mit dem Beo im Auto!

In einer solchen Box, die natürlich oben geschlossen wird, läßt sich der Beo problemlos transportieren

Artgerechte Unterbringung und Pflege

Unterbringung im Käfig

Im Handel werden für Beos meist Kistenkäfige angeboten, die sich zur Haltung von Weichfressern besonders eignen. Sie sind außer an der Vorderseite rundherum geschlossen, wodurch ein Verschmutzen der gesamten Umgebung mit Futter, Wasser oder dem dünnflüssigen Kot verhindert wird. Die Mindestmaße eines solchen Käfigs sollten 80 x 50 x 100 cm betragen. Doch für die bewegungsfreudigen Beos gilt: je größer, desto besser! Für einen ständigen Aufenthalt ohne Freiflug eignen sich diese Käfige allerdings auf keinen Fall, denn unzureichende Bewegungs- und Flugmöglichkeiten lassen Bewegungsstereotypien entstehen und führen zur Verfettung des Tieres.

Runde Käfige sind vollends abzulehnen, da sie dem Vogel kaum eine Orientierung erlauben und ihm außerdem zuwenig Bewegungsfreiheit bieten.

Der Käfig sollte ihn Augenhöhe des Menschen aufgestellt und sein Standort selten gewechselt werden. Als Raum ungeeignet ist die Küche wegen ihrer zahlreichen Gefahrenquellen (heiße Herd-

Als ständiger Aufenthaltsort eignet sich ein solcher Käfig für einen Beo keinesfalls – der Vogel braucht Bewegungsfreiheit

platten, Teflondämpfe, Vergiftungsmöglichkeiten etc.). Stellen Sie den Käfig wegen des elektromagnetischen Feldes auch nach Möglichkeit nicht in die Nähe des Fernsehers.

Haltung in Zimmer- und Freivolieren

Sie ist auf jeden Fall vogelgerechter als die in Käfigen und für ein Beopaar ein absolutes Muß. Zimmervolieren gibt es in verschiedenen Ausführungen und

Größen im Handel. Mit etwas handwerklichem Geschick können Sie sich jedoch auch selbst eine bauen. Anleitungen dazu finden Sie in guten Fachbü-

...hern (siehe Literaturverzeichnis im An-
...hang Seite 69). Die Selbstanfertigung
...hat auch den Vorteil, daß sich die Voliere
...o den räumlichen Gegebenheiten gut
...anpassen läßt.
...Folgende Aspekte sollten beim Kauf
...oder beim Eigenbau besonders beachtet
...werden:
 genügend räumliche Tiefe
 leichter Zugang zu allen Teilen der
 Voliere
 stabile Konstruktion
 Unfallsicherheit, das heißt, es darf
 keinerlei Verletzungsgefahr durch
 scharfe Kanten, Nägel und ähnliches
 bestehen.

...Bei zuwenig Sonnenlichteinfall (Keller-
...volieren) sollten Sie sogenannte Tages-
...lichtröhren (True-lite) anbringen. Den-
...ken Sie aber daran, diese regelmäßig
...zu wechseln, da bei Überalterung der
...UV-A-Strahlen-Anteil zunimmt. Diese
...Strahlen schädigen unter anderem die
...Darmflora des Vogels.
...Freivolieren kann man nicht nur im Gar-
...ten, sondern auch auf dem Balkon oder
...der Terrasse errichten. Da der Beo kei-
...ne besonders leise Vogelart ist, wird
...man bei dieser Haltungsart allerdings
...auf tolerante Nachbarn angewiesen
...sein. Doch frische Luft, Sonnenlicht und
...Regen – den die Beos als Tropenvögel
...lieben – tragen ganz besonders zum Er-
...halt der Gesundheit unserer gefiederten
...Freunde bei.
...Zum Bau von Freivolieren sind Fertig-
...bauelemente im Handel erhältlich. Aber
...auch hier bietet sich als billigere Lösung
...eine Selbstanfertigung an.

Zuletzt noch ein paar Hinweise darauf,
was bei der Haltung in einer Garten-
voliere zu beachten ist:
Es muß einen Schutz vor Katzen, Mar-
dern, Greifvögeln, Ratten und Mäusen
geben, ebenso einen Schutz vor Wit-
terungseinflüssen. Außerdem brauchen
die Vögel im Falle von Auseinandersetzungen Deckungs- und Fluchtmöglich-
keiten.

*Eine Zimmervoliere bietet dem Beo
reichlich Platz; setzen Sie aber nie
zu viele Vögel in einer Voliere
zusammen*

Am artgerechtesten ist der Beo in einer Freivoliere untergebracht

Setzen Sie nicht zu viele Beos in eine Voliere zusammen, sonst entstehen Revierstreitigkeiten. Als Richtlinie: Ein Vogelpaar braucht etwa 2 m³ Platz. Die Anzahl der Vögel hängt also von der Größe der Voliere ab.

Auch der Versuch, die Beos mit unverträglichen Vogelarten zu vergesellschaften, schlägt so gut wie immer fehl.

Achten Sie auf Sauberkeit des Volierenbodens, der auch durch Wildvögel verunreinigt werden kann. Schmutz und Kot haben bei Ihren Pfleglingen leicht Krankheiten zur Folge.

Neu dazukommende Vögel sollten Sie anfangs immer erst etwa 4 Wochen lang ohne Kontakt zu ihren Artgenossen (also quasi in Quarantäne) halten, um zu überprüfen, ob ihr Gesundheitszustand in Ordnung ist. Lassen Sie während dieser Zeit unbedingt zweimal Kotproben Ihrer Schützlinge auf Krankheitserreger (Bakterien und Parasiten) untersuchen.

Der Freiflug und seine Probleme

Freiflug erhöht die Lebensqualität eines Vogels entscheidend, denn durch ausreichende Flugmöglichkeiten steigt seine Lebenserwartung. Außerdem kann er so seinen artspezifischen Erkundungsdrang ausleben. Und der Freiflug fördert die soziale Bindung zwischen Mensch und Vogel.

Da aber Ausflüge im Zimmer auch stets gewisse Gefahren in sich bergen, sollten Sie unbedingt auf folgendes achten: Lassen Sie nie Fenster oder Türen offen, durch die der Vogel entweichen oder in denen er sich Füße oder Zehen einklemmen könnte. Auch muß gewährleistet sein, daß er nicht zwischen ein Möbelstück und die Wand rutschen und sich aus dieser mißlichen Lage dann nicht mehr aus eigener Kraft befreien kann.

Ziehen Sie immer Vorhänge oder Stores vor die Fenster, um zu verhindern, daß der Vogel gegen die Glasscheibe prallt, die er ja nicht sehen kann.

Größere Wasserbehältnisse müssen abgedeckt sein, sonst fällt der Beo womöglich hinein und ertrinkt.

Lassen Sie Putzmittel, Insektizide und Düngemittel, Kochsalz, Alkohol, Zigaretten und Tabakreste, Lacke und Farben, Klebstoff, Arzneimittel etc. nie offen stehen – der Vogel könnte sich daran vergiften. Und natürlich kann auch das Knabbern an Zimmerpflanzen für den Beo fatale Folgen haben. So sind etwa Alpenveilchen, Efeu, Philodendron, Flamingoblume, Hyazinthe, Efeute, Usambaraveilchen, Azalee, Oleander, Rhododendron und Croton sowie alle Pflanzen mit weißlich oder gelblich gesprenkelten Blättern für den Vogel giftig.

Vor dem ersten Freiflug muß der Beo an seine Umgebung gewöhnt und ausreichend zahm sein. Um seine häufigen Entleerungen auf ein erträgliches Maß zu reduzieren, kann man ½ Stunde, bevor man ihn aus dem Käfig läßt, sein Futter entfernen. Dadurch ist sein Darm dann während des Ausflugs relativ leer. Allerdings darf man das Tier nicht stundenlang fasten lassen.

Nach einer gewissen Zeit des Freiflugs kehrt der Beo von selbst in den Käfig zurück, wenn er weiß, daß er dort sein Futter bekommt. Das Ergreifen mit der Hand sollte man vermeiden, da der Vogel dadurch handscheu wird. Muß er doch einmal gefangen werden (z. B. für das Krallenschneiden), empfiehlt sich dazu ein geeigneter Kescher (Fangnetz).

Wenn Ihr Beo Freiflug hat, müssen immer alle Vorhänge zugezogen sein; er könnte sonst gegen eine Fensterscheibe prallen

Ausstattung des Vogelheims

Zu jeder Grundausstattung des Käfigs oder der Voliere gehören die richtigen Sitzgelegenheiten. Als solche eignen sich am besten weiche Naturholzäste (von Weiden, Holunder oder ungespritzten Obstbäumen) mit rauher Rinde und von unterschiedlichem Durchmesser. Die diversen Verdickungen der Äste zwingen den Vogel zu den verschiedensten Greifstellungen und sorgen für eine gleichmäßigere Ballenbelastung. Der Durchmesser der Sitzstangen sollte allerdings immer so groß sein, daß der Beo sie mit seinen Zehen nicht vollständig umgreifen kann, sonst können sich die Krallen nämlich nicht richtig abnutzen.

Die Sitzäste dienen außer der Fußgymnastik auch der Krallenpflege und dem Schnabelwetzen. Völlig ungeeignet sind vierkantige oder Plastiksitzstangen. Sie fördern ebenso wie das zur Abnutzung der Krallen angebotene Sandpapier auf den Stangen oder für den Käfigboden die Entstehung von Druckstellen und Sohlengeschwüren. Beim Anbringen der Sitzäste achte man darauf, daß der bewegungsfreudigen Beos ausreichend Platz zum Hüpfen oder Fliegen bleibt und die Futter- und Wasserbehältnisse nicht durch herabfallenden Kot verschmutzt werden können.

Trink- und Futtergefäße sollten aus stabilen, leicht zu reinigendem Material bestehen. Runde Formen haben den Vorteil, daß sie sich leichter säubern lassen. Die Näpfe für das Lebendfutter brauchen einen ausreichend hohen Rand damit die Insekten nicht sofort entweichen können. Verwenden Sie Trinkwasserautomaten, so müssen Sie diese gründlich reinigen, da sich in ihnen bevorzugt kleine Algenkolonien ansiedeln. Da Beos in freier Natur die Nacht gern in verlassenen Baumhöhlen verbringen, gehört zur artgerechten Ausstattung de

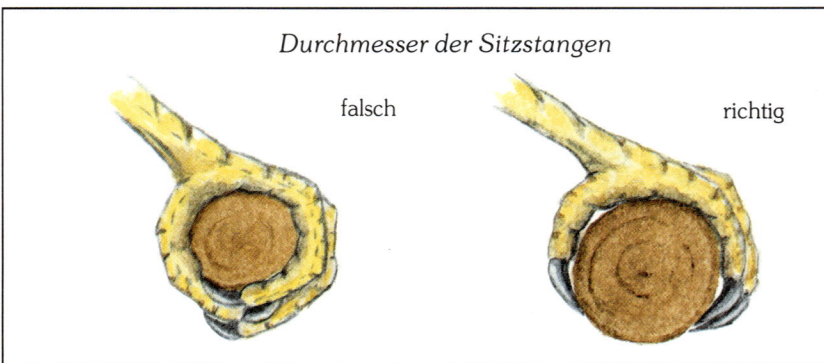

Durchmesser der Sitzstangen

falsch   richtig

Beos sind ausgesprochene Badefans. An manchen Tagen kann man sie mehrmals täglich bei diesem Vergnügen beobachten. Daher zählt ein Vogelbad zu den absolut notwendigen Bestandteilen der Vogelheimeinrichtung. Es eignen sich Plastik- oder Tonschüsseln mit möglichst rauhem Boden, doch werden hier die Beos beim Plantschen Käfig und Umgebung gründlich durchnässen.

Als Alternative sind seit kurzem auch Badehäuschen für Beos bzw. Papageien im Zoogeschäft erhältlich. Sie lassen sich von außen in die geöffnete Käfigtüre einhängen. Da sie fast gänzlich geschlossen sind, hält sich die Überschwemmung in Grenzen. Aber viele Beos nehmen die Häuschen erst nach längerer Gewöhnung als Badegelegenheit an.

*rinkwasserautomaten müssen immer
*ründlich gereinigt werden, da sich in
nen gern Algenkolonien ansiedeln

*Freilebende Beos ziehen sich gern
über Nacht in eine dunkle Nisthöhle
zurück. In Gefangenschaft sollte
man ihnen diese Möglichkeit unbedingt auch bieten*

*ogelheims auch ein Schlaf- bzw. Nist-
asten; denn haben die Beos keine Mög-
*hkeit, sich bei Anbruch der Dunkel-
*eit in eine solche Höhle zurückzuzie-
*en, verkriechen sie sich oft unter der
*s Bodenbelag gedachten Zeitung oder
* anderen dunklen Ecken. Hier eignen
*ch selbstgezimmerte Kästen oder aus-
*ehöhlte Baumstämme mit den Maßen,
*ie sie in dem Kapitel über die Zucht
*ngegeben sind (siehe Seite 57 ff.). Kei-
*esfalls dürfen diese Schlafbehausun-
*en aus Span- oder Sperrholzplatten
*ergestellt werden, da diese schädliche
*ämpfe ausgasen können.

Der Käfig oder die Zimmervoliere sollte Schubladen zur schnelleren Reinigung besitzen. Sie sind aus Zink- oder Aluminiumblech gefertigt, da sich bei unseren badefreudigen Beos durch die ständige Feuchtigkeit auf Holz bald gesundheitsschädliche Schimmelpilze bilden und es zu faulen beginnen würde. Die Schubladen werden durch eine Klappe verdeckt, durch die man sie herausziehen kann.

Man legt sie außerdem mit einem saug fähigen Material aus, am besten mi Fließpapier, Zellstoff, Küchenkrep, oder mehreren Lagen Zeitungspapie: Das oft empfohlene Katzenstreu hat de Nachteil, sehr staubig zu sein, und kan daher die Atemwege der Vögel schädi gen. Versehentlich verschluckte minera lische Streu kann zu Vergiftungserschei nungen führen.

Eingewöhnung und Zähmung

Sofort nach der Ankunft im neuen Heim wird der Beo behutsam in den bereits vorbereiteten Käfig oder in die Voliere entlassen. Zu fressen sollte er in den ersten Tagen nach Möglichkeit dasselbe erhalten, was er bisher gewohnt war. Denn eine zu abrupte Futterumstellung kann unter Umständen zu Darmstörungen führen. Nach und nach stellt man das Tier dann auf neue Nahrungsarten um.

In den ersten Wochen läßt man den Vogel am besten völlig in Ruhe, damit er sich an die neue Umgebung gewöhnen kann. Daher hantiert man in dieser Zeit beim Futter- und Wassergeben oder bei der Käfigreinigung auch sehr behutsam und vorsichtig, denn jede hastige, ruckartige Bewegung versetzt den Beo immer wieder aufs neue in Angst und Schrecken, ebenso auch ihm völlig unbekannte Gegenstände, Tiere oder Personen, die in die Nähe seines Käfigs geraten.

Am liebsten landet der Beo auf Kopf und Schulter seines Menschen

Mit viel Geduld und so manchem Leckerbissen erreichen Sie ein Vertrauensverhältnis zwischen sich und Ihrem neuen Freund. Nimmt der Vogel erstmals sein Lieblingsfutter aus Ihrer Hand, ist der Tag nicht mehr fern, an dem er seine Scheu überwindet und auch auf Ihre Hand kommt. Der bevorzugte Lande- oder Sitzplatz wird dann meist Ihr Kopf oder Ihre Schulter sein. An Liebkosungen mögen Beos im Gegensatz zu anderen geselligen Vögeln nur ein sanftes Kraulen an Hals oder Kopf und keinesfalls ein Streicheln über den gesamten Körper.

Mit viel Geduld ist es geschafft: Dieser Vogel ist bereits absolut zutraulich geworden

Die notwendigen Pflegemaßnahmen

Der Pflegeaufwand ist – wie schon erwähnt – bei Weichfressern wie unseren Beos um einiges größer als bei körneressenden Arten. Um keine notwendigen Arbeiten zu vergessen, sollte man sich eine Liste machen, was wann zu erledigen ist. Sie könnte so aussehen:

Tägliche Arbeiten:
Füttern bzw. Futterwechsel (da das meiste Futter für unsere Beos leicht verderblich ist, muß es laufend kontrolliert oder erneuert werden)
mehrmals täglich Wasser wechseln (da Verschmutzung durch Kot oder Essensreste möglich ist und die Beos häufig auch im Trinkwasser baden)
Raumtemperatur und Luftfeuchtigkeit prüfen (Im Winter sollte die Raumtemperatur 13°C nicht unterschreiten. Wärme verträgt der Beo als Tropenvogel zwar an sich gut, aber achten Sie dennoch darauf, daß er etwa beim Aufenthalt im Glashaus, im Wintergarten oder auf der verglasten Terrasse nie einer Temperatur von mehr als 40°C ausgesetzt ist.
Die optimale Luftfeuchtigkeit liegt bei 60 bis 70%.)
● frisches Badewasser reichen
● den Bodenbelag auswechseln (gerade bei warmem Wetter ist der Kot der Vögel ein idealer Nährboden für Schimmelpilze!)
● Futter- und Wasserbehältnisse gründlich reinigen (am besten nimmt man dazu heißes Wasser, Essig aus Wein oder Obst – pur oder verdünnt – und

die altbewährte Seife oder Schmier-
seife – lauter unschädliche Mittel. Alles gut bürsten und mit fließendem
klaren Wasser nachspülen)

Wöchentliche Arbeiten:
- gründliche Reinigung des Käfigs oder
der Voliere, zusammen mit den Sitz-
ästen und den Nisthöhlen (am besten
mit Wasserdampfreinigungsgeräten,
die seit kurzem auch für den Haushalt
erhältlich sind. Willkommener Zusatz-
effekt: Sie töten sämtliche Bakterien
ab. Man kann diese Geräte auch für
die Reinigung von Kiesböden in Außenvolieren benutzen)

Monatliche Arbeiten:
- alle alten Äste durch neue ersetzen

Halbjährliche Arbeiten:
- den Naturboden in Außenvolieren ungefähr 25 cm tief abtragen und er-
neuern

Routinepflegemaßnahmen:
Zu ihnen gehört außerdem die Überwa-
chung des Schnabel- und Krallenwachs-
tums. Die normale Krallenlänge beträgt

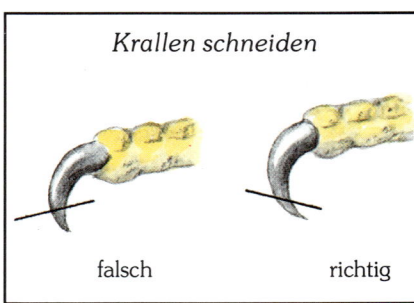

Krallen schneiden

falsch   richtig

ungefähr ein Kreisbogendrittel. Wird s
wesentlich überschritten, muß man d
Krallen in einer der Nagelform angepa
ten Weise kürzen. Dabei darf man ab
keinesfalls das in der Kralle verlaufenc
Blutgefäß (meist im Gegenlicht erken
bar) verletzen. Treten doch einmal Bl
tungen auf, stoppt man sie mittels blu
stillender Watte oder notfalls auch m
einem Stück Seife, in das man die ve
letzte Kralle drückt. Beim Auftreten e
nes Über- oder Kreuzschnabels kar
man mit Hilfe einer Nagelfeile vers
chen, den Schnabel wieder in seine n
türliche Form zu bringen. Größere Ko
rekturen sollten allerdings dem Tierar
vorbehalten bleiben.

Sprechtraining

Beos sind vor allem wegen ihrer großen
Fähigkeit, die menschliche Sprache
nachzuahmen, seit Jahrzehnten begehr-
te Vögel. Neben den Krummschnäbeln
zählen sie zu den talentiertesten Sprech-

künstlern, die sogar in der Lage sin
verschiedene Tonhöhen täuschend ec
wiederzugeben. Ob ein Beo nun ein g
ter Imitator wird, hängt unter andere
vom Grad der Verbundenheit von Ti

nd Mensch ab, außerdem vom indivi-
uellen Nachahmungstalent des einzel-
en Vogels und auch von der akusti-
chen Attraktivität der Laute. Sollen
eos möglichst viel menschliche Worte
lernen, so dürfen sie aus ihrer
mgebung keine pfeifenden oder krei-
chenden Geräusche hören, da sie diese
evorzugt nachahmen.

ür das gezielte Sprechtraining, das
weils etwa ½ Stunde dauern wird,
ählt man am besten eine Tageszeit, in
er der Vogel aufmerksam ruht, z. B. die
littagszeit oder den Abend. Häufiges
ben weniger Worte (am besten immer
urch die gleiche Person vorgetragen)
hrt am schnellsten zum gewünschten
rfolg. Einmal erlernte Laute gehen in
as Repertoire des Beos über und wer-
en nur selten wieder vergessen. Daher
raucht man auch keine Angst zu ha-
en, daß der Sprechkünstler bei späte-
r Vergesellschaftung mit einem Artge-
ossen wieder verstummt (wie das etwa
iufig bei Papageien der Fall ist, die
nn nur noch arteigene Laute von

*Beos sind äußerst talentierte Nachah-
mer der menschlichen Sprache. Man
muß aber konsequent mit ihnen üben*

sich geben). Im Gegenteil, meist übernimmt sogar der Neuankömmling das
gesamte Prgramm des alteingesessenen
Beos.

Die Versorgung im Urlaub

rlaubszeit bedeutet für viele unserer
eimtiere Leidenszeit. Gerade für die
nspruchsvolleren und pflegeintensive-
n Weichfresser findet man nicht leicht
ne erfahrene und liebevolle Urlaubs-
ertretung. Manch ein Vogel muß daher
rück in die Anonymität der Zoohand-
ngen, wo auch eine Infektionsgefahr

nicht auszuschließen ist. Schon allein
durch den Umgebungswechsel und die
neuen Pflegepersonen wird der Beo für
Krankheiten anfälliger.
Viele Tierheime halten zur Ferienzeit
Adressen für eine sogenannte Urlaubs-
patenschaft bereit. Auch lassen sich oft
per Zeitungsinserat andere Beobesitzer

Den Beo während Ihres Urlaubs in einer Zoohandlung versorgen zu lassen, sollte nur eine Notlösung sein – wohl fühlt er sich hier nicht

zwecks gegenseitiger Vogelbetreuung finden.

Haben Sie einen netten Nachbarn, der mit Ihren Vögeln bereits vertraut ist, über Grundkenntnisse bezüglich Haltung und Pflege verfügt und mindestens zweimal täglich nach den Tieren sieht, ist dies vielleicht die einfachste Lösung. Folgende Informationen sollten Sie für die Ferienvertretung unbedingt hinterlegen:

- die vollständige Urlaubsadresse inclusive Telefonnummer
- Anweisungen, was im Krankheits- oder Todesfall des Tieres zu geschehen hat, nebst Adresse und Telefon nummer des behandelnden Tierarzte
- Angaben, wie oft und wieviel täglic gefüttert und getränkt werden muß
- Angaben, was gefüttert werden soll und was auf keinen Fall
- Hinweise, worauf besonders zu ac ten ist – z. B. daß Türen und Fenste die ins Freie führen, beim Fütterr beim Käfigsäubern und beim Freiflu des Vogels geschlossen sein müsse (Gefahr des Entfliegens)

Auf kürzeren Reisen kann man den Be eventuell mitnehmen, sollte aber bede ken, daß er dabei nicht unerhebliche Temperaturschwankungen und vielfac auch Zugluft ausgesetzt wird, was seine Gesundheit nicht gerade zuträglich is Für Reisen ins Ausland braucht man a ßerdem oft ein Gesundheitszeugnis.

Gesunde Kost für Beos

Grund- und Zusatzfutter

Als Hauptfutter sollten unsere Beos ein gutes Weichfutter bekommen. Das ist ein flockenartiges Gemisch, das aus getrockneten Insekten, Waffelbruch, getrockneten Beeren, Garnelenschrot, Honig und anderen Zusätzen besteht. Der Handel bietet drei Arten von Fertigfutter für Weichfresser an: Honig-, Fett- und Trockenmischungen.

Honig- und Fettfutter sind napf- und schnabelgerecht, das heißt, sie sind mit Honig oder verschiedenen Fetten so angereichert, daß das Futter eine klebrige Konsistenz erhält und daher von den Vögeln leichter gefressen werden kann. Im Gegensatz dazu ist die Trockenmischung mehr pulverförmig und wird durch Beigabe etwa von Quark, von geriebenen Karotten oder von Fruchtsäften angefeuchtet. Die so entstehenden größeren Futterbrocken lassen sich von den Vögeln besser aufnehmen.

Man kann die tägliche Futterration auch mit verschiedenen Zutaten abwechs lungsreicher gestalten. Ein fertiges Re zept könnte etwa so aussehen:
2 Teile Weichfutter
1 Teil Getreideflocken (z. B. Vielkorn flocken für Babys)
½ Apfel, grob gerieben
1 Möhre, fein gerieben (Saft aus drücken)
2 Eßlöffel trockener Magerquark, sta des Quarks auch mal ein hartgekochte Ei oder gekochter Vollkornreis.
Die Masse sollte krümelig und nicht z feucht sein. Am besten wird sie täglic frisch zubereitet, notfalls hält sie abe auch 1 Tag im Kühlschrank. Allerding ist vor allem in der warmen Jahresze bei der Verfütterung solchen Weichfu ters Vorsicht geboten; nach 2 b 3 Stunden muß es wieder entfernt we den, da es wegen seines Nährstoff- un

Fettfutter ist eine der Fertigfutterarten, die im Handel angeboten werden

Beoperlen eignen sich nur als Zusatz-aber keinesfalls als ständiges Hauptfutter

euchtigkeitsgehalts günstige Entwick-
ungsbedingungen für Krankheitserre-
er bietet. Daher sollte man dem Vogel
as Futter für den nächsten Tag auch
icht schon am Vorabend hinstellen – es
ann über Nacht schlecht werden.
peziell für Beos ist auch pelletiertes
utter, die sogenannten Beoperlen, im
andel erhältlich. Sie haben sich wegen
rer guten Haltbarkeit und weil sie eine
eduzierung und Verfestigung des Ko-

tes bewirken, als vorteilhaft erwiesen.
Allerdings sollte man sie nur als Zusatz-
und keinesfalls als ständiges Hauptfutter
geben, da die Verdauung der Beos auf
wasserreiche Ernährung eingestellt ist.
Andere empfehlenswerte Proteinquel-
len, die man in Maßen den Vögeln anbieten kann, sind Hunde- und Katzen-
dosenfutter, Rinderhackfleisch, einge-
weichte Pellets für Hunde und Katzen
und Rinderherz.

Lebendfutter

uch Lebendfutter (lebende oder durch
nfrieren konservierte Insekten) sollte
) und zu auf dem Speiseplan stehen;
ır Zeit der Jungenaufzucht werden die
ternvögel sogar ausschließlich damit
nährt. Als Futtertiere eignen sich
ehlkäferlarven, Heimchen, Zopho-
ıs, Ameisenpuppen und sogenanntes
iesenplankton (siehe Seite 43).
ehlkäferlarven (allgemein Mehlwür-
er genannt) sind wohl die bekannte-
en und am leichtesten erhältlichen Le-
ındinsekten. Bei zu häufiger Verfütte-
ng dieser Larven kann es jedoch zu
sundheitlichen Schäden bei unseren
eos kommen. Da der Mehlwurm arm
ı bestimmten Nährstoffen wie Calcium
ıd Phosphor sowie an den Vitaminen
und D ist, wurden bei übermäßigen
aben Fußkrankheiten, Mauserschwie-
keiten, Vitamin-A- und -B-Mangeler-
heinungen und Legenot beobachtet.
ıßerdem werden schädigende Sub-

stanzen in seiner Chitinhaut diskutiert.
Daher sollte man nur die frischgehäu-
ten, ganz weißen Larven, Puppen und
Käfer verfüttern. Die Mehlwürmer
selbst erhalten besonders vitaminrei-
ches Futter, das z. B. aus Kleie, Hafer-
flocken, Apfel- und Karottenstücken sowie aus Salat bestehen kann. Um die

*Mehlwürmer sollten nicht zu häufig
verfüttert werden – sie können ge-
sundheitliche Schäden herbeiführen*

Mehlkäferlarven nährwertmäßig aufzuwerten, kann man sie auch vor dem Verfüttern mit Vitamin- und Mineralstoffpräparaten bestäuben.

Zophobas (Larven des großen Schwarzkäfers) gleichen im Aussehen den Mehlkäferlarven, sind aber um einiges größer (55 – 60 mm). Sie besitzen keine so harte Chitinhülle wie die Mehlwürmer und sind daher besser verdaulich. Zophobas bekommen dasselbe Futter wie ihre kleineren Verwandten.

Das **Heimchen** (Hausgrille) wird bis 25 mm lang. Es empfiehlt sich, die Grillen vor dem Verfüttern einzufrieren, um sie schmerzlos abzutöten (lebende Tiere springen aus Käfig oder Voliere wieder heraus). Nach kurzer Auftauzeit werden sie von den Beos gern genommen. Allerdings verfärben sie sich dann nach 1 bis 2 Stunden schwarz, und die Vögel mögen sie nicht mehr.

Heimchen sind wertvolle Futtertiere, da sie sich von pflanzlichen und von tierischen Futtermitteln ernähren.

Heimchen sind, da sie sich selbst sehr vielseitig ernähren, besonders wertvolle Futtertiere

Ameisenpuppen verfüttert man vor allem an frisch geschlüpfte Jungvögel. Im Handel sind sie tiefgefroren erhältlich. Im Sommerhalbjahr kann man sie auch selbst sammeln. Dabei ist jedoch der Artenschutz zu beachten! Streng geschützt ist die Rote Waldameise. Vom Bau der häufigen Arten wie der Rasenameise hingegen kann man vorsichtig einen Teil der Larven entnehmen.

Zophobas sind mit den Mehlwürmern verwandt, aber leichter verdaulich

Ameisenpuppen werden vor allem für frisch geschlüpfte Küken als Aufzuchtfutter verwendet

Ab Mai lohnt es sich, das sogenannte **Wiesenplankton** zu sammeln. Dazu streift man einen engmaschigen Kescher (Fangnetz) so über die Gräser, daß sich allerlei Insekten darin verfangen. Auch das Wiesenplankton sollte man vor dem Verfüttern einfrieren. Es dient hauptsächlich zur Jungenaufzucht.

Sonstige Futterzusätze

Obst und Gemüse

Wildlebende Beos fressen neben Insekten und kleineren Wirbeltieren hauptsächlich Früchte. Da ihr Verdauungssystem besonders auf diese Nahrung eingestellt ist, sollte sie auch in Gefangenschaft einen großen Teil der täglichen Futterration ausmachen. Achten Sie darauf, chemisch unbelastete Ware zu verwenden. Im Zweifelsfalle müssen Sie das Obst oder Gemüse gründlich waschen oder sogar schälen. Dabei gehen allerdings wichtige Vitamine, die dicht unter der Schale sitzen, verloren. Trockenfrüchte wie Feigen oder Rosinen dürfen nicht geschwefelt sein. Die bei den Beos besonders beliebten Weintrauben und Rosinen sollten nur in Maßen gefüttert werden, da sie im Verdacht stehen, eine Eisenspeicherkrankheit (siehe auch Seite 52) auszulösen. Sonst gilt bei allem anderen Obst und Gemüse das Motto: Je vielseitiger, desto gesünder. Hier eine kleine Auswahl geeigneter Sorten: Kiwi, Banane, Feige, Melone, Birne und Apfel, Stachelbeere, Mandarine, Himbeere, Kirsche (entsteint), Johannisbeere (schwarz oder rot), Holunderbeere, Feuerdorn und Brombeere, Salatgurken, Tomatenstückchen und anderes mehr. Auch gekochte Kartoffeln sind bei vielen Beos beliebt.

Das Obst und Gemüse schneidet man schnabelgerecht klein. Durch die Zugabe von Bio-Hundeflocken (aus Getreide) wird die austretende Flüssigkeit gebunden.

Grünzeug

Hier kommen Löwenzahnblätter, Petersilie, Vogelmiere, Karottengrün, Man-

Vogelmiere ist neben verschiedenem anderen Grünzeug für den Beo ein sehr gesundes Zusatzfutter

gold und ungespritzter Salat in Frage, die man kleingeschnitten unter das Weichfutter oder das Obst mischt. Grünes trägt ganz erheblich zum gesundheitlichen Wohlbefinden des Beos bei.

Weitere gesunde Nahrungszusätze

Zu ihnen zählen Weizenkeime, Bierhefepulver, Blütenpollen, Algenpulver (Spirulina) und kaltgeschleuderter Honig. Sie alle enthalten Vitamine, Mineralien, Enzyme und andere Stoffe in natürlicher Zusammensetzung und werden abwechselnd in geringen Mengen (jeweils etwa 1 Teelöffel) dem Weichfutter zugesetzt.

Vitamin- und Mineralstoffpräparate

Sie braucht der Beo vor allem in Zeite erhöhten Bedarfs wie im Krankheits falle, vor der Eiablage, zur Jungenau zucht und in der Mauser. Ständig soll man solche Präparate, die ja künstlic hergestellt werden, jedoch nicht veral reichen, denn sie können den Stof wechsel des Vogels heftig durcheinan derbringen.
Vitaminpräparate müssen, damit s wirksam bleiben, kühl und vor Licht g schützt aufbewahrt werden. Nach Erre chen des Verfalldatums sollte man s nicht mehr verwenden. Die Dosierun erfolgt laut den jeweiligen Herstellervo schriften.

Flüssigkeitsbedarf

Beos haben einen enormen Flüssigkeitsbedarf, vor allem dann, wenn sie sehr viel Trockenfutter oder Pellets erhalten. Ist dem Trinkwasser Chlor zugesetzt, so sollten Sie es einige Stunden stehen lassen, bevor Sie es dem Vogel geben, damit das Gas entweichen kann. Unbedingt zu empfehlen sind auch Wasserfilter, die Schadstoffe wie Nitrate, herausfiltern, aber gleichzeitig lebenswichtige Mineralien im Wasser belassen. Auch stille Mineralwässer eignen sich als Trinkwasser.
Zum Abschluß dieses Kapitels noch ein Hinweis auf für Beos völlig ungeeignete

Nahrungsmittel: Dazu gehören alle sta gewürzten und gesalzenen Speise (auch Wurst!), gezuckerte Säfte, K chen, Kekse und Schokolade sowie a alkoholischen Getränke und auc schwarzer Tee. Dieser schadet jedoc in kleineren Mengen nicht. Das in ih enthaltene Tein regt sogar den Kreisla an, und die Gerbstoffe wirken stopfen. Daher wird schwarzer Tee manchm bei Durchfallerkrankungen verabreich Ich persönlich ziehe in einem solche Falle allerdings Kamillen- und Torme tillwurzeltee vor (siehe dazu auch S te 50).

Erste Hilfe bei Erkrankungen

Allgemeine Krankheitssymptome und erste Maßnahmen

Vögel, die in kleinen Gruppen oder gar in großen Gemeinschaften leben (z. B. Stare), versuchen so gut wie immer ein Unwohlsein vor ihren Artgenossen zu verbergen, da für sie sonst wesentliche Nachteile im täglichen Überlebenskampf entstehen würden, etwa bei der Futteraufnahme – die schwächeren kommen erst zum Schluß an die Reihe. Daher befindet sich eine Erkrankung zu dem Zeitpunkt, da der Beo Anzeichen erkennen läßt, meist schon in einem fortgeschrittenen Stadium.
Folgende Symptome sollten Sie ernst nehmen:
- ein aufgeplustertes Federkleid, Zittern und Wippen des Schwanzes (zeigt erhöhte Atemfrequenz an), übermäßiges Schlafbedürfnis
- Atmen durch den geöffneten Schnabel
- anormale Farbe und Konsistenz des Kotes
- Appetitlosigkeit und Erbrechen oder erhöhter Trinkwasserbedarf
- häufiges Niesen und Gähnen oder Stimmverlust
- schlechter Zustand des Federkleides
- Bewegungsanomalien, schlechte Orientierung
- Blut im Käfig
- Veränderungen der Farbintensität des Schnabels, der Kopfzeichnung und der Kopflappen sowie auch der Füße.

Bis zum Eintreffen des Tierarztes oder bis zur Fahrt dorthin müssen Sie nur einige wichtige Erste-Hilfe-Maßnahmen treffen:
- Der kranke Beo sollte von seinem gesunden Artgenossen abgesondert werden. Bedeutet dies jedoch für das Tier zusätzlichen Streß, da es unter dem Verlust seines Partners leidet, müssen Sie Nutzen und Risiken der Trennung sorgfältig gegeneinander abwägen.
- Stellen Sie, da kalte, kraftlose Vögel einen erhöhten Wärme- und Flüssigkeitsbedarf haben, eine Infrarotlampe in etwa ½ m Abstand zum Krankenkäfig auf. Die Temperatur sollte 38°C nicht überschreiten, und der Beo muß gegebenenfalls eine kühlere Ecke des Käfigs aufsuchen können.

Die Bestrahlung mit Rotlicht tut einem kranken und daher sehr wärmebedürftigen Beo auf jeden Fall gut

Das Trinkwasser wird mit Honig oder Traubenzucker angereichert (1 Eßlöffel Honig auf 1 l Wasser).

Beos, die gegen Hindernisse geflogen sind (Fensterscheiben!) und sich verletzt haben (Knochenbrüche, Gehirnerschütterung), müssen unbedingt ruhiggehalten werden. Dies erreicht man am besten in einem abgedunkelten Käfig. Direkt nach dem Unfall dürfen Sie weder Wasser noch Futter anbieten, da es zur Verlegung der Atemwege kommen kann und der Vogel erstickt. Blutungen müssen sofort gestillt werden; entweder mechanisch (Druckverband) oder durch Aufbringen von blutstillender Watte.

Sehr nützlich ist eine kleine Vogel-Hausapotheke für Notfälle. Sie sollte folgendes beinhalten:
eine antiseptische Lösung (z. B. Jodtinktur)
blutstillende Watte
Pipette oder Einmalspritze
Pinzette, Schere

Für Notfälle sollte immer eine kleine Vogel-Hausapotheke parat sein

- Kohlepulver oder Heilerde für innerliche Anwendung
- Kamillentee oder -tinktur
- eine Salbe zur Behandlung von Verletzungen und Schwellungen (z. B. Arnikasalbe, Calendulasalbe)
- Mittel zur Anregung der körpereigenen Abwehrkräfte (z. B. Echinacin-, also Sonnenhutpräparate)

Äußere Krankheiten

Augenerkrankungen

Hier handelt es sich meist um Entzündungen der Lidbindehaut (Konjunktivitis). Sie entstehen durch Zugluft, Fremdkörper, Verletzungen, chemische Reizungen (z. B. Küchendämpfe, Haushaltssprays), zu reiche Mehlwurmgaben und Vitamin-A-Mangel. Die Erkrankung äußert sich in Tränenfluß (wäßrig oder schleimig-eitrig), häufigem Scheuern oder Kratzen, Schwellung und rötlicher Färbung der Augenumgebung. Die Augenlider werden meist halb geschlossen gehalten, und zusätzlich ist oft auch das Allgemeinbefinden gestört.

Zur Entfernung von Sekret und Borken spült man das Auge vorsichtig mit Kamillen- oder Augentrosttee. Eine Reizung der Bindehaut wird mit Euphrasia-Augentropfen behandelt. Außerdem gibt man Euphrasia D12 Tropfen und das Epithelschutzvitamin A in das Trinkwasser. Allerdings ist eine Überdosierung von Vitamin A für den Beo schädlich, da es nicht unbegrenzt vom Körper abgebaut werden kann. Bei einem stark gestörten Allgemeinbefinden verordnet der Tierarzt außerdem zusätzlich ein Antibiotikum.

Fußgeschwüre und angeschwollene Zehen

Sie können vor allem durch zu häufige Mehlwurmgaben und dem daraus resultierenden Mangel an den Vitaminen A und D sowie an den Mineralstoffen Calcium und Phosphor entstehen. Aber auch zu glatte und gleichförmige (Plastik) oder mit Sandpapier überzogene Sitzstangen kommen als Ursache in Frage. Da Fußkrankheiten meist schlecht heilen, besteht die beste Behandlung in der Vorbeugung. Es empfiehlt sich, auf vielseitige Ernährung und auf artgerechte Unterbringung in einem Käfig mit Naturholzästen unterschiedlicher Dicke zu achten.

Sind trotzdem Schwellungen, Entzündungen oder Wunden an den Füßen aufgetreten, so behandelt man sie ebenfalls mit der verdünnten Ringelblumentinktur und reibt die Stellen anschließend mit Hypericumsalbe ein. Dem Futter mengt man ein Vitamin-Mineralstoff-Gemisch bei. Der Beo sollte bis zur völligen Abheilung nur auf weichen Stangen (z. B. Holunder) sitzen.

Mauserstörungen

Die Mauser der Vögel ist ein natürlicher Vorgang, bei dem sie ihr altes Federkleid durch ein neues ersetzen. Dies erfolgt nach einem bestimmten Schema, damit der Vogel auch während der Mauser immer flugfähig bleibt.

Die Mauser wird hormonell gesteuert und durch Klimafaktoren (Licht, Luftfeuchtigkeit, Temperatur) sowie durch den Ernährungszustand des Vogels beeinflußt. Außerdem ist sie eng an den Fortpflanzungszyklus gekoppelt. Während dieser Zeit sind die Beos erhöht krankheitsanfällig. Wegen des bestehenden Juckreizes pflegen sich die Vögel öfters zu kratzen und zu putzen.

Aus verschiedenen Gründen kann es zur sogenannten Stockmauser kommen, das heißt, der Vogel braucht für die normale Mauser erheblich länger als 4 bis 6 Wochen, oder er kann sie gar nicht beenden. Die Stockmauser ist meist nicht leicht zu erkennen, da die Übergänge fließend sind. Doch es gibt bestimmte Anzeichen, die auf sie schließen lassen: So werden vielfach verschiedene Federn nicht neu gebildet oder sie wachsen anormal nach (die Federn bleiben im Kiel stecken, oder sie weisen Farbveränderungen auf). Besonders an Kopf und Hals treten kahle Stellen auf; eine Beeinträchtigung des Allgemeinbefi

dens ist allerdings dabei nicht festzu-
stellen.

Folgende Ursachen für Mauserstörungen sind möglich:
- zu geringe Luftfeuchtigkeit (optimal
  zwischen 60 und 70%)
- Vitamin-, Aminosäuren- oder Mine-
  ralstoffmangel
  Hormonstörungen
  unnatürliche Temperatur (Heizung)
  und gleichbleibende Tageslichtlänge
  ohne Berücksichtigung der Jahres-
  zeit
- Bewegungsmangel
- Störungen durch innere Krankheiten
  und durch Parasiten

Abhilfe schafft man primär durch ein
Verbessern der Haltungsbedingungen.
Dazu gehört, daß man seinen Pflegling
auf vollwertige Ernährung umstellt und
daß man für ausreichend Sonnenlicht
und frische Luft sorgt. Im Winter sollte
man den Vogel nicht zu warm unterbrin-
gen und auch der kürzeren Tageszeit
Rechnung tragen. Außerdem muß das
Tier immer genügend Bademöglichkei-
en haben.
Zusätzlich kann man versuchsweise
dem Trinkwasser Biotin (Vitamin H) und
hochaktive Kieselsäure zusetzen. Mit
Hilfe des Biotins vermag der Körper das
Horn (Keratin) der Federn zu bilden.
Kieselsäure besteht aus Silizium, das in
die Federn eingebaut wird und dort
für Festigkeit und Stabilität sorgt. Ein
homöopathisches Präparat, das bevorzugt bei Befiederungsstörungen eingesetzt wird, sind Sulfur C30 (Schwefel)
Tropfen.

*Bei Mauserstörungen treten vor al-
lem an Hals und Kopf kahle Stellen
auf*

Nutzt das alles nichts, so sollte man die
Ursache der Störung unbedingt durch
den Tierarzt abklären lassen.

Verletzungen

Verletzungen können vielfältige Ursachen haben, wie z. B. einen Anprall gegen eine Fensterscheibe, Kämpfe mit
Artgenossen oder aber beschädigte Sitzstangen oder Einrichtungsgegenstände
des Käfigs. Kleinere blutende Wunden

versorgt man zuerst mit blutstillender Watte. Man sollte den Vogel aber dann allein in einen Käfig ohne Sand (damit die Wunde nicht verschmutzt) setzen. Säubert man anschließend die Wunde täglich mit 1:25 mit Wasser verdünnter Ringelblumentinktur und trägt danach immer dünn Calendulasalbe auf, so beschleunigt man den Heilungsprozeß Außerdem kann man noch dem Trink wasser Arnica D4 Tropfen zusetzen. Be größeren Verletzungen sollte man we gen möglicher Infektionsgefahr der Tierarzt aufsuchen.

Innere Krankheiten

Durchfall

Er ist beim Beo aufgrund seiner auch im Normalzustand dünnflüssigen Ausscheidungen nur schwer zu diagnostizieren. Wirft der Kot jedoch regelrecht Blasen und ist das Aftergefieder um die Kloake herum verklebt, muß man mit einer Darmentzündung rechnen. Außerdem steigert sich durch den Verlust an Flüssigkeit das Trinkwasserbedürfnis des Vogels auffällig.

Eine Enteritis kann infektiöser oder nichtinfektiöser Natur sein. Zu den nichtinfektiösen Auslösern zählen Futterwechsel, Vergiftungen und Streßsituationen. Als infektiöse Ursachen kommen Bakterien, Viren, Pilze oder Parasiten in Frage.

Zusätzlich zur Rotlichtbestrahlung erhält der Beo ein besonders leicht verdauliches Futter, z. B. gekochtes Ei und gekochten Reis, gemischt mit etwas Kohle oder Heilerde. Auch Banane, geriebenen Apfel und Heidelbeeren kann man bei Durchfallerkrankungen verfüttern. Statt des üblichen Trinkwassers be-

kommt der Patient einen Kräutertee bestehend aus Kamille, Brombeerblät tern und Tormentillwurzel. Eine Prise Traubenzucker verbessert ihn ge schmacklich.

Ein weiteres bewährtes Mittel bei Durch fallerkrankungen sind die homöopathi schen Okoubaka D3 Tropfen.

Um infektiöse Ursachen auszuschlie ßen, sollte man eine Kotprobe untersu chen lassen. Bei einem positiven Ergeb nis wird der Tierarzt eine entsprechende Behandlung einleiten.

Erkältung

Am häufigsten führen Zugluft oder z rascher Temperaturwechsel zu einer Er kältung. Sie kann aber auch durch Infek tionen hervorgerufen werden. Als erste Symptome treten häufiges Niesen mi oder ohne Nasenausfluß, erhöhte Atem frequenz (erkennbar am Schwanzwip pen), Atmung durch den leicht geöffne ten Schnabel und eventuell Stimmver lust auf. Da sich ein harmloser Schnup

man eine Schüssel mit warmem Wasser oder Kamillentee – versetzt mit einigen Tropfen Eucalyptus- oder Thymianöl – in den Krankenkäfig und verhüllt diesen anschließend mit einem Tuch. So können die heilenden Dämpfe nicht sofort entweichen. Außerdem läßt sich das Immunsystem des Beos mit pflanzlichen Immunstimulanzien (z. B. mit Echinacea = Sonnenhut) unterstützen.

Tritt nach spätestens 2 Tagen keine deutliche Besserung ein, muß man spätestens jetzt auf alle Fälle einen Tierarzt hinzuziehen.

Knochenbrüche

Zur Behandlung von Knochenbrüchen müssen bei größeren Vögeln, wie unseren Beos, meist chirurgische Maßnahmen getroffen werden. Daher sollten Sie den Vogel auf jeden Fall dem Tierarzt vorstellen. Dieser wird den Bruch zunächst röntgen. Handelt es sich um einen unkomplizierten Bruch eines Flügels, so wird dieser mit Leukoplast am Körper fixiert. Bei Splitterbrüchen und ebenso bei komplizierten Beinbrüchen muß meist verdrahtet werden. Dazu muß der Arzt den Bruch eröffnen, und das kann nur in Narkose geschehen. Um die Heilung des Bruchs zusätzlich zu unterstützen, geben wir dem Beo bis zur völligen Ausheilung täglich je 5 Tropfen Symphytum D6 und Ruta D3 ins Trinkwasser, beides homöopathische Arzneimittel, die die Humanmedizin erfolgreich zur schnelleren Abheilung von Knochenbrüchen einsetzt.

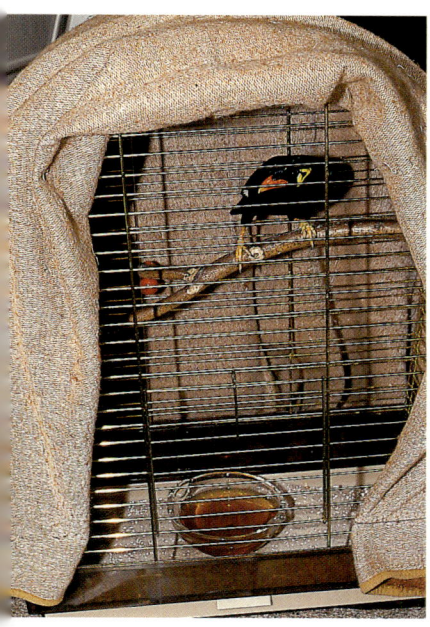

uch einem erkälteten Beo schafft
halieren mit Kamillentee Linderung

n schnell in eine lebensgefährliche rkrankung verwandeln kann, ist Eile eboten. Als Sofortmaßnahme erhält er Vogel Rotlichtbestrahlung (siehe rste-Hilfe-Maßnahmen Seite 46). Sind e Nasenlöcher mit festsitzendem Se- et verstopft, kann man versuchen, es it Kamillenkompressen oder physiolo- scher Kochsalzlösung soweit zu erwei- nen, daß es ausgeniest oder mittels ei- es Wattestäbchens entfernt werden nn. Auch täglich 5 Minuten Inhalie- n mit Kamillenblüten oder ätherischen len tut dem Patienten gut. Dazu stellt

Lebererkrankungen

Die häufigste Todesursache bei Beos sind, nach Meinung verschiedener Tierärzte krankhafte Leberveränderungen. Hier steht an erster Stelle die Hämochromatose, wahrscheinlich eine Eisenspeicherkrankheit, deren Ursache man zwar noch nicht kennt, doch es wird unter anderem vor dem übermäßigen Verfüttern von Weintrauben und Rosinen gewarnt. Die Krankheit äußert sich in recht unterschiedlichen Symptomen. So beobachtet man Appetitmangel, Schwäche und Durchfall oder Atembeschwerden, die durch eine Bauchhöhlenwassersucht (Bauch weich und aufgedunsen) ausgelöst werden, aber auch oft Hautjucken mit Federausfall und Hautentzündungen. Ist die Hämochromatose einmal ausgebrochen, sind die Heilungschancen zweifelhaft. Versuche

---

Leidet ein Beo an Hämochromatose, sollte man ihm möglichst viel frisches Obst geben

können mit einer sogenannten Leber schutztherapie unternommen werden Dazu gehören Vitamin-B-Komplex Traubenzucker- und Aminosäuregaben Der Beo sollte möglichst viel frische Obst erhalten. Pflanzliche Arzneimitte wie Carduus marianus Urtinktur (Mar endistel) und Flor de Piedra D3 (Stein blüte) helfen, das Allgemeinbefinden z verbessern.

Legenot

Als Legenot bezeichnet man die Unfä higkeit des weiblichen Vogels, ein lege reifes Ei zu legen, das heißt, es au der Kloake herauszupressen. Als Fo gen können Vergiftungserscheinunge durch Kotstau, Lähmungen und Durch blutungsstörungen, Bauchfellentzür dungen, Eileitervorfall (das Hervortre ten des Eileiters aus der Kloake), Krei laufschwäche und Erschöpfung auftre ten, die oft zum Tode führen.
Mögliche Gründe für eine Legenot:
● ständiges Eierlegen (Legezwang – da gegen verabreicht der Tierarzt Ho mone)
● Haltungsfehler (z. B. Bewegungsma gel, zu plötzliche Temperaturschwa kungen)
● unzureichende Ernährung (Mangel a Vitaminen und Mineralstoffen)
● Züchten mit zu jungen Vögeln

Die charakteristischen Symptome de Legenot sind gesträubtes Gefiede Blaufärbung des Bauches, „Pinguinsit stellung" (der Vogel sitzt breitbeinig un

---

ehr aufrecht auf dem Boden), Apathie
nd Erschöpfung, Atemnot und nicht
uletzt ein Eileitervorfall oder das in der
Kloake sichtbare und natürlich fühlbare
Ei. Auch Durchfall und übergroße, oft
lutige Kothaufen können auf Legenot
inweisen.

Als Sofortmaßnahme empfiehlt sich ein
Behandeln mit Wärme und feuchten
Dämpfen. Außerdem kann man ein
Gleitmittel (Paraffin- oder Olivenöl) in
die Kloake tropfen. Unterstützend wirkt
auch ein leichtes Massieren der Bauch-
ecke. Hilft dies alles nichts, muß der
Beo umgehend zum Tierarzt gebracht
werden, der eine Injektion setzt oder das
Ei durch einen Bauchschnitt (Laparotomie) entfernt.

Pilzinfektionen

Ungenügende Hygiene, zu hohe Luftfeuchtigkeit, Vitamin-A-Mangel, eine
Behandlung mit Antibiotika oder ver-
minderte Abwehrkräfte (z. B. durch
Streß) sind in der Regel die Ursache für
das Auftreten einer Pilzinfektion. Diese
Erkrankung weist meist darauf hin, daß
in der Umwelt des Vogels etwas nicht
stimmt. Die häufigsten drei Formen einer Mykose sind:

Candidiasis
Von dieser auch unter dem Namen Soor
bekannten Hefepilzerkrankung ist
hauptsächlich der Magen-Darm-Trakt
betroffen. Fruchtfresser, wie unsere Beos, sind besonders anfällig, da die klebrigen Nahrungsreste einen guten Nähr-

boden für Hefepilze abgeben. Erkennen
läßt sich diese Krankheit an den nicht
ablösbaren weißen Belägen des Ra-
chens und der Kropfschleimhaut – bitte
versuchen Sie sie nicht selbst abzukrat-
zen, sondern gehen Sie mit Ihrem Patienten zum Tierarzt.
Weitere Symptome sind Abmagerung,
Erbrechen und graugrüner Durchfall.
Bisweilen treten auch Atembeschwerden auf.

Aspergillose
Bei dieser Erkrankung werden in erster
Linie Lunge und Luftsäcke je nach
Schweregrad der Infektion aber auch
andere Organe von Schimmelpilzen be-
fallen. Die akute Verlaufsform äußert
sich durch Appetitlosigkeit, Verände-
rung oder sogar Verlust der Stimme,
Keuchen, plötzliche und starke Atemnot oder auch durch einen überraschen-
den Tod ohne vorausgegangene Symptome.
Die chronische Form ist meist recht un-
auffällig. Oft schlafen die Vögel sehr viel
und magern ab. Eine sichere Diagnose
läßt sich am lebenden Tier schwer stellen, und der Behandlungserfolg ist zweifelhaft.

Hautpilzerkrankungen
Hierbei besiedeln Pilze die gesunde oder
die vorgeschädigte Haut und verursa-
chen dadurch Befiederungsstörungen
und Juckreiz.
Bei allen drei Pilzinfektionen sollten die
Diagnose und die medikamentöse Behandlung mit geeigneten Mitteln durch
den Tierarzt erfolgen.

Rachitis

Eine nicht ausreichende Versorgung mit Vitamin D kann bei gleichzeitig ungünstigem Kalzium-Phosphor-Verhältnis im Futter Störungen in der Verkalkung der Knochen zur Folge haben. Bei noch wachsenden Jungvögeln nennt man diese Erkrankung Rachitis, bei Altvögeln Osteomalazie. Zu den Symptomen gehören Gehstörungen, Verkrümmungen der Beine, eine Verdickung der Gelenke sowie eine Verbiegung der Wirbelsäule und des Brustbeins, außerdem eine Wachstumshemmung. Auch kann der Schnabel durch fehlendes Vitamin D zu weich sein.

Betroffen sind von dieser Mangelerscheinung vor allem Vögel, die in dunklen Kellerräumen gehalten werden, da der Körper das Vitamin D3 aus einer Vorstufe, dem sogenannten Provitamin, nur unter Mithilfe des Sonnenlichtes herstellen kann.

Einem Mangel an Vitamin D vermag man durch regelmäßige Gaben von Grünfutter vorzubeugen. Bei der Verabreichung von synthetischem Vitamin D3 ist Vorsicht geboten, da Überdosierungen hier zu krankhaften Gewebsverkalkungen führen.

Vitamin-E-Mangel

Vögel benötigen mehr Vitamin E a Säugetiere. Dieses Vitamin ist vor aller in grünen Pflanzen und in Getreide keimlingen (wie z. B. in Weizenkeimer enthalten. Treten Mangelerscheinunge auf (das passiert vor allem in der Bru zeit), so äußern sie sich bei Jungvöge in struppigem Gefieder, Schwäche, Au stützen des Kopfes auf den Boden un Lahmheit. Außerdem kann es zu unko ordinierten Bewegungen, wie Verdr hen des Kopfes, Überschlagen, Zitter usw. kommen. Dies ist auf Veränderu gen im Kleinhirn und in der Muskulatt zurückzuführen.

Bei erwachsenen Vögeln verminder sich der Geschlechtstrieb und die B fruchtungsfähigkeit. Die Entwicklun der Embryonen kann gestört werde was dann deren Absterben im Ei z Folge hat.

Parasitäre Erkrankungen

Bandwurmbefall

Auf Bandwürmer trifft man besonders häufig bei frisch importierten Beos. Starker Befall führt zum Absatz von schleimig-klebrigem Kot, zu Abmage-rung, Apathie und Aufblähen des Ba ches. Die Vögel können aber auch ja relang im biologischen Gleichgewic mit dem Wurm leben. Erst durch Schw chung des Immunsystems, etwa durc Streß (Fang, Streit mit Artgenosse

tc.), kommt es dann zur massenhaften Vermehrung mit den oben beschriebenen Symptomen. Die Diagnose erfolgt durch den Nachweis von Bandwurmgliedern oder -eiern im Kot. Da diese jedoch nur sporadisch ausgeschieden werden, sollte man bei negativem Ergebnis die Untersuchung wiederholen lassen. Behandelt wird mit geeigneten Wurmmitteln, die man unter das Futter mischt oder direkt eingibt.

Kokzidiose

Die Kokzidiose stellt die häufigste Krankheits- und Todesursache bei frisch importierten Weichfressern dar. Kokzidien sind mikroskopisch kleine einzellige Lebewesen aus der Klasse der Sporentierchen. In der freien Natur lebt der Wirt mit dem Parasiten in biologischem Gleichgewicht. Zu einer massenhaften Vermehrung der im Darm vorhandenen Einzeller und damit zum Ausbruch der Krankheit führt die Minderung der Widerstandskraft der Beos durch den Transport, bei Überbesatz der Voliere, durch Witterungseinflüsse und mangelhaften Ernährungszustand. Zunehmende Schwäche, gesträubtes Gefieder, Abmagerung, lustlose Futteraufnahme, Durchfall und Dahinsiechen zeigen nach außen hin den Befall mit diesen Parasiten an. Sie besiedeln nicht nur den Darmtrakt, sondern können bei manchen Vögeln auch in Nieren, Leber, Milz und Lunge vorkommen.

Eine besondere Verlaufsform der Kokzidiose, die vor allem bei Jungvögeln nach der ersten selbständigen Futteraufnahme auftritt, ist die Atoxoplasmose, auch Rotbäuchigkeit genannt. Nimmt man den Beo in die Hand und bläst die Federn des Bauchbereichs beiseite, kann man bei genauem Hinsehen die geröteten Darmschlingen erkennen. Dabei fallen einem auch der aufgedunsene Leib und die verschmutzte Kloakengegend auf. Meist ist auch die Atemtätigkeit verstärkt.

Die Diagnose wird anhand einer möglichst frischen Kotprobe gestellt, die nachmittags zwischen 14 und 18 Uhr genommen werden muß. Der Zeitpunkt spielt deshalb eine Rolle, weil da die Kokzidien vermehrt mit dem Kot ausgeschieden werden und sich dadurch leichter nachweisen lassen.

Um den Infektionszyklus zu unterbrechen, ist ganz besonders die Hygiene wichtig. Dazu gehört tägliches gründliches Säubern des Käfigs oder der Voliere. In Außenvolieren muß das Erdreich abgetragen werden, da die mit dem Kot ausgeschiedenen Eier (sogenannte Oozysten) ausgesprochen widerstandsfähig sind und über lange Zeit hinweg infektiös bleiben.

Der Tierarzt wird das Verabreichen von Sulfonamiden über das Trinkwasser anordnen. Da diese Mittel den Vitaminhaushalt der Vögel arg strapazieren, sollten die Patienten für mindestens 1 Woche nach der Behandlung Vitamine (A, D3, K, E) erhalten. Während der Behandlung verzichtet man besser auf die Gabe von B-Vitaminen, da sie die Wirkung einiger Medikamente neutralisieren.

Luftröhrenwurm

Beos, die in Freivolieren leben, sind wie die meisten Starenarten besonders anfällig für den Luftröhrenwurm. Er wird durch den Kot von Wildvögeln übertragen, der in die Voliere fällt.
Die kleinen roten Würmer sitzen in den Bronchien und in der Luftröhre und ernähren sich vom Blut ihres Wirtes. Die Eier werden hochgewürgt, dann abgeschluckt und schließlich mit dem Kot ausgeschieden.
Eine andere Infektionsquelle stellen Regenwürmer, Schnecken und auch einige Insektenarten dar, die die Larven des Luftröhrenwurmes in sich tragen können.
Als Symptome rufen diese Schmarotzer häufiges Niesen, Kopfschleudern und Stimmverlust hervor. Im Endstadium ringen die befallenen Tiere mit weit aufgerissenem Schnabel nach Luft. Da auch die Nahrungsaufnahme beeinträchtigt ist, sterben die Beos früher oder später an einem Schwäche- und Erstickungstod.
Die Diagnose wird aufgrund einer Untersuchung des Kotes auf Wurmeier gestellt. Die Wurmkur sollte man bei Vögeln, die im Freien gehalten werden, jeweils im Herbst eines jeden Jahres durchführen.

Rote Vogelmilbe

Diese Milbenart ist das häufigste blutsau gende Ungeziefer bei Vögeln. Die Rot Vogelmilbe (Größe 0,7 bis 1,1 mm) hä sich nur nachts an ihrem Wirt auf; de Tag verbringt sie in Käfig- oder Sitzstar genritzen oder in den Schlaf- und Bru kästen der Beos. Bei Massenbefall kan unter Umständen sogar der Mensch be troffen werden, der dann einen hefti juckenden Hautausschlag bekommt.
Stark befallene Vögel sind in der Nacl ungewöhnlich unruhig, aber schlafe tagsüber viel, sind matt und lustlos. Ge sundheitsprobleme entstehen durch de Blutverlust, den besonders Jungtiere ir Nest erleiden. Bei ihnen können Tode fälle auftreten.
Die Vogelmilben spielen aber auch ein Rolle bei der Übertragung von gefähr chen Blutparasiten (z. B. Protozoen).
Das Vorhandensein der Milben kan man auch an ihren Häutungsresten ur an den Exkrementen erkennen. Um s zu bekämpfen, muß man Käfig ur Schlafkästen zuerst gründlich reinige Danach bringt man ein Kontaktinsek zid aus. Diese Prozedur sollte nach 2 b 5 Tagen wiederholt werden. Den Be selbst muß man nicht behandeln.

Fortpflanzung
in Menschenhand

Haltungsbedingungen
für eine erfolgreiche Zucht

Die wichtigste Voraussetzung für eine erfolgreiche Zucht ist ein gut harmonierendes Beopaar. Und hier fangen bereits die Schwierigkeiten an, denn Männchen und Weibchen sind gleich gefärbt und besitzen auch sonst keine äußerlichen Geschlechtsmerkmale. Einige wenige, wenn auch sehr unsichere Anhaltspunkte, bieten sich beim direkten Vergleich verschiedener Vögel. Nach meinen persönlichen Beobachtungen haben die männlichen Beos eine wesentlich kräftigere Statur und eine dunkelbraun gefärbte Iris. Die Weibchen erscheinen zierlicher (wenn es sich um die gleiche Unterart handelt), und ihre Augenfarbe ist hellbraun oder hellgrau.

Eine wesentlich sicherere, dafür aber nicht risikolose Methode zur Geschlechtsbestimmung ist die Endoskopie. Dazu werden die Vögel vom Tierarzt narkotisiert. Ein anschließend seit-lich geführter, kleiner Schnitt ermöglicht das Einführen des Endoskops (eine A Sehschlauch), um die in der Bauchhöh verborgenen Geschlechtsorgane zu b trachten.

Der Beo muß für diese Untersuchur vollkommen gesund und darf nicht übe gewichtig sein, sonst stellt die Narko eine zu große Belastung für das Her Kreislauf-System dar.

Hat man nun ein geeignetes Zuchtpa erhalten, empfiehlt sich eine möglich großzügige Unterbringung, wie zu

---

Eine Möglichkeit, männliche Beos von weiblichen zu unterscheiden, ist nach meinen Beobachtungen die Farbe der Iris: Männchen haben eine dunkelbraune Iris (links), Weibchen eine hellbraune oder hellgraue (rechts)

eispiel in einer kombinierten Innen-außen-Voliere. Bei gut eingewöhnten und mit dem Menschen vertrauten Vögeln kann es mit der Nachzucht sogar in einer reinen Zimmervoliere klappen.

Beos sind Höhlenbrüter. Für die Anlage ihres Nestes brauchen sie daher einen geräumigen Nistkasten oder einen entsprechend großen ausgehöhlten Baumstamm. Mein Zuchtpaar akzeptierte einen mit 35 cm Höhe und ca. 30 cm Durchmesser. Die Größe des Schlupflochs darf 8 cm im Durchmesser nicht unterschreiten. Aber auch handelsübliche Nistkästen aus Holzbeton (für Hohltauben oder Turmfalken) sind geeignet. Da Beos in freier Natur Baumhöhlen in einer Höhe von 10 bis 15 m über dem Erdboden zur Brut bevorzugen, sollte auch der Kasten so hoch wie möglich aufgehängt werden. Zuvor füllt man ihn noch zu einem Drittel mit Holzmulm oder mit Sägespänen. Als zusätzliches Nistmaterial kann man Stroh, Heu, trockenes Laub, Federn, dünne biegsame Ästchen und Moos anbieten.

Vor Zuchtbeginn sollten sich beide Elternvögel in einem ausgezeichneten Ge-

Ein solcher ausgehöhlter Baumstamm als Nisthöhle entspricht am besten den Gegebenheiten, die die Beos in der Natur vorfinden

sundheitszustand befinden. Außerdem muß im Zuchtraum sowohl ausreichend Licht als auch für richtige Luftfeuchtigkeitsverhältnisse (60 bis 70%) gesorgt werden.

Balz, Brut und Jungenaufzucht

ihrer Heimat fällt die Brutperiode der Beos in die Monate April bis Juli. In unseren Breiten setzt sie häufig schon früher ein. Mit Beginn der Balz fängt der Hahn an, die Henne zu treiben. Dabei geht er mit seiner Auserwählten nicht gerade sanft um. Zwischen den Treibjagden fangen beide Partner an, Nistmaterial einzutragen. Die Paarung selbst gleicht manchmal eher einer Vergewaltigung denn einer zärtlichen Hochzeit. Kurze Zeit später beginnt die Henne mit

Hier liegt ein frisch geschlüpftes Beoküken neben einem noch unversehrten Ei

Nach einer Bebrütungszeit von 14 Tagen schlüpfen die fast völlig nackten und blinden Küken in der zeitlichen Abfolge der Eiablage. Die Elternvögel verhalten sich jetzt ihrem Pfleger gegenüber oft aggressiv, und man muß daher bei den täglichen Fütterungs- und Reinigungsarbeiten besondere Vorsicht walten lassen.

Zur Aufzucht der Jungen werden nun Unmengen von Lebendinsekten benötigt. In den ersten Tagen verfüttern die Eltern ausschließlich kleine, frischgehäutete Mehlwürmer, winzige Heimchen, Ameisenpuppen (frisch oder aufgetaut) und Wiesenplankton (siehe dazu Seite 43). Damit die Kleinen bei ihrer

der Eiablage. Das Vollgelege besteht gewöhnlich aus zwei bis drei Eiern, die auf blaugrünem Grund eine rotbraune oder schokoladenbraune Sprenkelung aufweisen. Die Eiablage kann sowohl im 24- als auch im 48-Stunden-Intervall erfolgen. Die Henne brütet ab dem ersten Ei. Sie verläßt den Kasten jetzt nur noch zum Trinken und Fressen oder um zu baden. Letzteres ist besonders wichtig, da das Weibchen meist mit noch feuchtem Gefieder auf sein Gelege zurückkehrt und sich dadurch die Luftfeuchtigkeit in der Bruthöhle erhöht. Das erleichtert den Küken das Schlüpfen durch die harte Eischale. Bei zu trockener Luft können sie sich unter Umständen nicht aus den Eiern befreien und sterben ab. Um dies zu verhindern, kann man auch von außen den Kasten ab und zu mittels einer Blumenspritze befeuchten.

Anfangs füttern die Elternvögel ihre Jungen nur mit Lebendfutter – hier im Bild links unten ein Beovater mit einem Mehlwurm im Schnabel

m 11. Lebenstag des Beokükens
eginnen die Federn zu sprießen

Hier ein 14 Tage alter Beo in seiner
Nisthöhle

ei diesem 18 Tage alten Beoküken
t die gelbe Kopfzeichnung bereits
ıt zu erkennen, noch fehlen aber
e Lappen

Mit etwa 32 Tagen ist der junge Beo
bereits voll befiedert. Nun dauert es
nicht mehr lange, bis er die Nisthöhle
verläßt

schnellen Wachstum genügend Vitamine und Mineralien erhalten, werden die Futtertiere einmal pro Tag in einem flüssigen Vitamin-Mineralstoff-Komplex gewälzt. Versuchsweise kann man zusätzlich noch ein gutes Weichfutter mit hohem Insektenanteil anbieten.

Nach ca. 1 Woche beginnen die Altvögel auch kleine Obststückchen an die Jungen weiterzureichen. Manche Beos verfüttern in diesem Stadium auch gehacktes Rinderherz an die Nestlinge. Jetzt sprießen bereits die ersten Federkiele hervor. Die Augen öffnen sich bis spätestens zum Ende der 2. Lebenswoche.

Im Alter von 4 ½ Wochen verlassen die Jungvögel zum ersten Mal ihre Nisthöhle. Sie sind dann schon voll befiedert und können sofort recht gut fliegen. Sie werden noch von beiden Elternteilen gefüttert, wobei der Vater der fleißigere ist. Doch schon bald fangen sie nach dem Vorbild der Erwachsenen selbst zu fressen an. In dieser Zeit beginnt das Weibchen meist bereits mit der nächsten Brut. Dann kann es vorkommen, daß die Jungvögel von ihm aus dem Nestbereich vertrieben werden. Ist dies der Fall, sollte man, um ernsthaftere Verletzungen zu vermeiden, die Kleinen herausfangen und sie in eine separate Voliere umsiedeln. Man muß dann allerdings kontrollieren, ob sie schon allein ausreichend Futter aufnehmen.

Im Alter von ca. ½ Jahr beginnt die erste Mauser. Das schwarzgraue Jugendgefieder wird nun durch das wunderschön metallisch glänzende Federkleid der Erwachsenen ersetzt.

Handaufzucht

Viele Beopaare ziehen in Gefangenschaft ihre Jungen schlecht oder gar nicht groß. Das kann verschiedene Ursachen haben: Möglicherweise sind die Elternvögel in der Aufzucht von Jungen noch unerfahren, oder sie erhalten nur ungeeignetes Aufzuchtfutter. Auch eine Beunruhigung im Nestbereich kann der Grund für das Fehlverhalten sein. Oder die Elternvögel befinden sich erneut in Brutstimmung (Schachtelbruten).

Generell sind handaufgezogene Beos ohnedies meist schlechte Zuchtvögel. Um die Jungen zu retten, wird hier die Handaufzucht notwendig. Aber auch um besonders zahme und gut sprechende Beos zu bekommen, nimmt man sie ihren Eltern weg und zieht sie per Hand groß. In diesem Falle sollte jedoch ein Teil der Jungvögel unbedingt bei den Eltern verbleiben.

Ganz kleine, noch nackte und blinde Nestlinge benötigen vor allen Dingen erst einmal Wärme. Man bringt daher über ihrem Ersatznetz eine Wärmequelle (z. B einen Infrarotdunkelstrahler) an. Die Temperatur sollte ständig zwischen 32° und 35°C liegen – das ist regelmä

ig zu kontrollieren. Während der ersten Lebenstage müssen junge Beos auch nachts alle 1 bis 2 Stunden gefüttert werden. Später kann man die Mahlzeiten auf sieben bis acht pro Tag jeweils n Abstand von 2 Stunden reduzieren. Blinde Nestlinge sperren meist schon ei leichter Erschütterung des Nestes ihren Schnabel auf. Ältere Jungvögel, die ihre Eltern bereits gesehen haben, tun dies anfangs nicht freiwillig, und man muß den Schnabel – am besten mit Hilfe eines Streichholzes, das man seitlich in den Schnabelwinkel schiebt – sanft öffnen. Doch man braucht diese Prozedur meist nicht oft zu wiederholen, da der kleine Beo den Menschen bald als Elternersatz akzeptiert und dann von selbst seinen Schnabel aufmacht.

Als Aufzuchtfutter eignen sich Heimchen, frischgehäutete Mehlkäferlarven und andere kleine Insekten, die mit Vitaminen und Kalk angereichert werden. Um den Speiseplan abwechslungsreich zu gestalten, gibt man ab der 2. Lebenswoche auch verschiedene Obstarten, eingeschnittenes Rinderherz, etwas fettarmen ungesalzenen Käse und kleine Portionen Weichfutter mit hartgekochtem Ei oder Quark gemischt. Auch Dosenfutter für Hunde und Katzen hat sich als Aufzuchtfutter für ältere Jungvögel bewährt.

Nach jeder Fütterung sollten die kleinen Beos mittels einer Pipette ein paar Tropfen Wasser zu trinken erhalten. Dabei muß man aber darauf achten, daß die Flüssigkeit nicht versehentlich in die Luftröhre gelangt, denn Vögel können nicht husten und so das eingedrungene

Das Aufpäppeln eines Beos verlangt den vollen Einsatz seines Menschen – während der ersten Lebenstage muß das Küken rund um die Uhr alle 1 bis 2 Stunden gefüttert werden

Wasser wieder entfernen. Als Folge entwickelt sich eine Lungenentzündung. Oder – noch schlimmer – mit der Flüssigkeit zusammen gelangen noch nicht abgeschluckte feste Nahrungsbestandteile in die Luftröhre; dann droht der Vogel zu ersticken.

Der Kot der jungen Beos ist während der ersten Lebenswochen in ein durchsichtiges Säckchen gehüllt und läßt sich leicht entfernen. Beginnen die Federn zu sprießen, kann man die Wärmezufuhr langsam drosseln. Wenn die Befiederung an Bauch und Rücken abgeschlossen ist, genügt Zimmertemperatur.

Ab Mitte der 4. Lebenswoche werden die Jungvögel versuchen, sich vom Nest zu entfernen. Dann setzt man sie am besten in einen größeren Käfig um, damit sie mit ersten Flugübungen beginnen können. Zu diesem Zeitpunkt reduziert man auch schrittweise die Fütterung per Hand, um die Kleinen zur selbständigen Nahrungsaufnahme anzuregen.

Im Alter von etwa 5 bis 6 Wochen sind die Jungen dann soweit herangewachsen, daß sie in eine Voliere entlassen werden können.

Arterhaltung durch Zucht in Gefangenschaft?

Das einst scheinbar unerschöpfliche Reservoir Natur zeigt sich nun doch erschöpflich und bedarf dringendst einer Regenerierung. Bei weiterer rücksichtsloser Ausbeutung unseres Planeten wird ein großer Teil der Pflanzen- und Tierarten zur Jahrtausendwende verschwunden sein. Ein Überleben der restlichen Arten ist dann nur noch in speziell dafür eingerichteten Naturschutzgebieten möglich.

Für den Beo besteht wohl augenblicklich noch nicht die Gefahr des Aussterbens; allerdings ist er auf Grund seiner guten Eignung als Stubenvogel ein begehrtes Handelsobjekt und wird demzufolge großflächig eingefangen.

Wie lange die Naturbestände einen derartigen Aderlaß noch ausgleichen können, läßt sich schwer abschätzen. Daher können wir einen wesentlichen Beitrag zur Erhaltung der Art leisten, indem wir mit den in menschlicher Obhut gehaltenen Exemplaren zu züchten versuchen.

Je mehr Beos in Gefangenschaft nachgezüchtet werden und dann natürlich statt der Wildfänge in den Handel kommen, desto größer ist die Chance, daß diese Vogelart erhalten bleibt

Anhang

Fachwörterverzeichnis

Aminosäure: organische Säure, wichtigster Baustein der Eiweißkörper.

Anomalie: Unregelmäßigkeit; geringgradige Entwicklungsstörung.

Antibiotika: Sammelbegriff für bestimmte Stoffwechselprodukte von z. B. Schimmelpilzen mit hemmender oder abtötender Wirkung von Bakterien, Viren, Pilzen und anderen Krankheitserregern.

Bülbül: eine Familie staren- bis drosselgroßer Sperlingsvögel.

Chitin: Hauptbestandteil der Körperhülle von Krebsen, Spinnen, Insekten und der Zellwände von Flechten und Pilzen.

Endoskopie: Ausleuchtung und Ausspiegelung einer Körperhöhle mittels Endoskops.

Enteritis: entzündliche Erkrankung des Dünndarms.

Epithelgewebe: ein- oder mehrschichtiger Zellverband, der innere oder äußere Körperoberflächen bedeckt.

Holzmulm: faule Holzspäne.

Homöopathie: naturheilkundliche Therapie, deren Prinzip darin besteht, dem Kranken nur solche Arzneimittel

(und diese in kleinsten Dosen) zu geben die beim Gesunden ähnliche Erschei nungen hervorrufen würde wie die z behandelnde Krankheit.

Immunstimulantien: das Immunsy stem anregende, meist pflanzliche Ar neimittel.

Insektizide: Mittel zur Insektenver nichtung.

Keratin: Eiweißverbindung, aus der di Federn bestehen.

Komfortverhalten: wird auf zwei ve schiedene Gruppen von Verhaltenswe sen bezogen: Auf den Bereich der Kö perpflege (Putz- und Kratzbewegunger Sichschütteln, Sichscheuern) und au Bewegungen, die mit dem Stoffwechse des Körpers, vor allem mit der Sauer stoffversorgung, in Zusammenhang ste hen (Streckbewegungen, Gähnen).

Kontaktlaut: dient dem Zusammer halt eines Paares oder des Schwarms.

Laparotomie: Bauchschnitt, operativ Öffnung der Bauchhöhle.

Monogamie: Einehe, bei Vögeln be sonders weit verbreitet mit teilweise jah re- oder lebenslanger Bindung.

Mykose: durch Pilze (Faden-, Schimme pilze, Hefen) verursachte Krankheiten

Osteomalazie: Knochenerweichung.

Pellets: künstlich granuliertes oder gepreßtes Futter verschiedenster Zusammensetzung.

Prägung: ein in früher Jugend erfolgender, verhältnismäßig schneller Lernprozeß mit sehr stabilem, mitunter unauslöschbaren Ergebnissen.

Proteine: allgemeine Bezeichnung für Eiweiße.

Protozoen: kleine, einzellige Blutparasiten.

Provitamin: Vorstufe eines Vitamins.

Quarantäne: Absonderung der Vögel von Artgenossen für bestimmte Zeit, bis sicher ist, daß sie nicht krank sind.

Spirulina platensis: eine blaugrüne Mikroalge, die ausschließlich in stark salzhaltigen, alkalischen Binnenseen der subtropischen Breiten Asiens, Afrikas und Mexikos wächst. Sie weist einerseits einen extrem hohen Eiweißgehalt auf und enthält andererseits zahlreiche Vitamine, Mineralstoffe und Spurenelemente.

Stereotypie: eine sich zwanghaft wiederholende gleichartige Bewegung.

Synthese: Zusammensetzung; Aufbau.

Tormentillwurzel: (Potentilla erecta): in der Pflanzenheilkunde wird diese Wurzel gegen Durchfall und Entzündungen des Darms eingesetzt.

True-lite: Lampen, die ein der Sonne ähnliches Licht abgeben; enthalten zusätzlich die wichtigen UV-Strahlen.

UV-Strahlen: ultraviolette Strahlen, diese verwandeln in der Haut das biologisch unwirksame Vitamin D2 in das wirksame Vitamin D3.

Vogelmiere (Stellarina media): ein sehr verbreitetes Grünkraut, unter anderem in Gärten, auf Äckern, Brachland und Baugrundstücken zu finden. Sehr beliebte Vogelgrünfutterpflanze.

Washingtoner Artenschutzabkommen (WAA): regelt auf internationaler Ebene den Handel mit gefährdeten Tier- und Pflanzenarten.

Adressen, die weiterhelfen

Zeitschriften und Verbände

Deutschland
„Die Gefiederte Welt"
Fachzeitschrift für Vogelliebhaber und Vögelzüchter, Eugen Ulmer Verlag Stuttgart

„Die Voliere"
Zeitschrift für Vogelhalter, -liebhaber, und -züchter
M&H Schaper Verlag Hannover

Vereinigung für Artenschutz, Vogelhaltung und Vogelzucht (AZ) e. V.
Geschäftsstelle: Helmut Uebele,
Untere Au 30
71501 Backnang
Tel.: 0 71 91 / 8 24 39
mit ihrer monatlich erscheinenden Vereinszeitschrift „AZ-Nachrichten" (nur für Mitglieder)

Österreich
„Aktuelles aus der Vogelwelt"
Herausgeber: Wilhelm Geistlinger
Weidach 153
A-5421 Adnet
Tel.: 0 62 45 / 8 44 65
Vereinsadressen können über den Verlag erfragt werden.

Schweiz
„Gefiederter Freund"
Dölf Bischofberger-Pop
Mühlengasse 31
CH-6340 Baar ZG

Literaturverzeichnis

eckerlein, Wolfgang: Die Ernährung es Vogels, Eugen Ulmer Verlag 1986

aars, Wolfgang: Insektenfresser, Euen Ulmer Verlag 1981

elpy, Karl H.: Volieren. Planung, Bau nd Einrichtung. Lehrmeister-Bücherei, andbuch-Verlag

risch, Otto v.: Der Beo, Gräfe & Unzer 992[8]

ahn, Ute: Vogelkrankheiten-Ursaen, Erkennung, Behandlung. PDV ierbuchreihe 1992

Lohr, Jürgen: Fehler bei der Vogelhaltung, Lehrmeister-Bücherei, Landbuch-Verlag 1992

Robiller, Franz: Vogelkäfige und Volieren, DLV 1991[2]

Schmidt, Horst: Beos und andere Starenvögel, Lehrmeister-Bücherei, Landbuch-Verlag 1992[3]

Steinigeweg, Werner: Weichfresser, Gräfe & Unzer 1991[2]

Register